KB025024

영적 계발에 대한 이해와 통찰

초감각적 세계인식에
이르는 길

초감각적 세계인식에 이르는 길

1판 1쇄 인쇄일_ 1999년 12월 2일 ㅣ 1판 4쇄 발행일_ 2016년 6월 25일 ㅣ 지은이_ 루돌프 슈타이너 ㅣ 옮긴이_ 양억관, 타카하시 이와오 ㅣ 펴낸이_ 류희남 ㅣ 편집장_ 이점석 ㅣ 표지디자인_ 김은정 ㅣ 펴낸곳_ 물병자리 ㅣ 출판등록일 (번호)_ 1997년 4월 14일(제2-2160호) ㅣ 주소_ 110-070 서울시 종로구 새문안로5가길 11, 801호(내수동, 옥빌딩) ㅣ 대표전화_ (02) 735-8160 ㅣ 팩스_ (02) 735-8161 ㅣ 이메일_ aquari@aquariuspub.com ㅣ 트위터_ @AquariusPub ㅣ 홈페이지_ www.aquariuspub.com ㅣ ISBN_978-89-87480-29-9 03110

영적 계발에 대한 이해와 통찰

초감각적 세계인식에 이르는 길

Wie erlangt man

Erkenntni

höheren Wlten

루돌프 슈타이너
양억관 | 다카하시 이와오 옮김

〰〰 물병자리

차례

3판 머리말

　이 글은 〈어떻게 초감각적 세계의 인식을 획득할 것인가〉라는 제목으로, 《루시퍼-그노시스》지에 발표한 적이 있다. 이것은 "초감각적 세계의 인식"에 관련된 내용 가운데서도 제1부에 속한다. 그 이외의 내용은 다른 저술을 통해 밝힐 생각이다. 초감각적 세계의 인식에 이르는 인간의 진화 과정을 다루는 이 글을, 새로운 장정으로 독자에게 보여드리기에 앞서, 몇 가지 설명을 덧붙이고자 한다.

　인간 혼의 진화에 대해 기술한 이 글은 다양한 독자들의 요구에 응할 수 있게 구성되어 있다. 영학(靈學 : Spiritual Science)이나, 그 연구성과에 관심을 가진 사람들은 대체로 이런 의문을 가진다. 우리네 삶의 고차원적인 수수께끼에 대해 이야기하는 그 사람들은 도대체 어디서 그런 지식을 얻는 걸까, 하고. 이 글은 그 의문에 대답하려 하고 있다. 영학은 인생의 고차원적 수수께끼, 그 본질을 깊이 파고들어간다. 우리는 스스로의 힘으로 초감각적인 인식을 손에 넣을 때만, 영학적인 관점에서 밝혀진 사실들을 음미할 수 있다. 이 글은 그런 초감각적 인식에 이르는 길을 묘사하려 하였다.

　그러나 그 길을 걷고 싶다는 욕구나 그 가능성을 느끼지 못하는 사람에게도, 영학의 연구성과는 결코 가치없는 것이 아니다. 확실히 초감각적 세계로 입문할 수 있는 능력을 얻은 자만이 연구자가 될 수 있다. 그러나 발

표된 연구성과가 타당한가 아닌가는, 초감각적 인식의 능력이 없는 사람이
라도 자기 자신의 관점으로 그것을 확인할 수 있다. 진정으로 얽매이지 않
는 태도로 건전한 판단력을 구사한다면, 영학 연구의 성과는 그 대부분이
직접 검증될 수 있는 것이다. 그러나 아무리 얽매이지 않는 태도를 견지한
다 해도, 우리네 삶의 여기저기에 널린 편견들에 사로잡혀 있는 한, 그것은
불가능하다. 현대과학의 학설을 신봉하는 사람에게는, 도저히 받아들일 수
없는 경우가 얼마든지 있다. 전적으로 영학의 관점과 모순되는 연구성과는
과학의 분야에 있어서도 존재하지 않는다. 그러나 편견에 사로잡혀 있는 사
람은 과학적인 연구성과를 잣대로 삼아, 초감각적 세계에 대한 기술과 특정
한 과학적 인식 사이에는 어떤 일치점도 없다고 믿는 쪽이 마음 편한 일이
다. 그러나 신중하고 진솔한 자세로 영학과 실증과학의 연구성과를 잘 비교
해보면, 양자 사이에 있는 놀랄 만큼 완벽한 일치를 인정하게 될 것이다.

당연히 영학에는 오성만으로는 판단할 수 없는 부분도 있다. 그렇지만 오
성뿐 아니라, 건전한 감정 또한 진리의 판단자일 수 있다. 그렇다면 오성이
미치지 못하는 부분에 대해서도, 확실한 관계를 맺을 가능성이 있다는 말이
된다. 그때마다 공감과 반감만으로 사물을 판단하는 것이 아니라, 편견에서
벗어나, 초감각적 세계의 인식 내용을 자신에게 작용시켜 일어나는 감정의
움직임 속에서, 합당한 가치판단의 잣대를 발견해야 하는 것이다.

초감각적 세계에 이르는 좁은 길을 걷지 않는(또는 그것을 원하지 않는)
사람에게도, 인식 내용의 타당성을 증명할 수 있는 다른 방법이 있다. 우리
는 영학 연구자의 말을 통해 알게 된 인식 내용이, 우리의 삶에 얼마나 소
중한 가르침인지를 알 수 있기 때문이다. 모든 사람이 다 견자(見者)가 될
수는 없다. 그러나 견자의 인식 내용은 우리 삶에 유익한 양식이 될 수 있

다. 보다 잘 살아가기 위해, 누구든 이러한 인식 내용을 활용할 수 있다. 그
리고 그것을 활용하는 사람은, 그것으로 인하여 삶의 모든 방면에서 어떤
변화가 일어나는지, 그 인식 내용 없는 인생이 얼마나 삭막한지를, 이윽고
통찰하게 될 것이다. 초감각적 세계의 인식 내용을 우리의 삶에 올바르게
적용할 때, 그것은 결코 비실용적인 것이 아니며, 오히려 최상의 의미에서
유용한 것이다.

인식의 좁은 길을 걷지 않는다 하더라도, 그 길에서 관찰된 사실들에 관
심을 가지고 있는 사람이라면, 어떻게 견자가 그러한 사실들을 인식하게 되
었는가를 새삼 진솔하게 물을 것이다. 이 책은 이러한 의문을 품는 사람들
에게, 실제로 초감각적인 세계를 알기 위해서 무엇을 어떻게 해야 하는가에
대한 하나의 관념을 제공해줄 것이다. 초감각적 세계에 이르는 길을 명확히
함으로써, 그 길을 가지 않는 사람들에게, 그 길을 걷는 사람들이 말하는 내
용에 신뢰감을 가지게 하고 싶다. 영학 연구자의 길을 이해하는 사람은 그
길을 정당한 것이라 생각하기에 이를 것이며, 또 다음과 같이 느끼게 될 것
이다.

"고차원 세계에 이르는 길이 어떤 것인지를 알게 된 지금, 영학 연구자가
말하는 바가 왜 내 마음을 밝게 비추어주는지, 나는 그 이유를 알게 되었
다."

자신의 진리감정이나 진리감각 속에 초감각적 세계의 확인과 보증을 구
하는 사람에게 도움이 되기를 바라는 마음으로 이 글은 쓰여졌다. 그러나
그 이상으로 이 글은 초감각적 인식에 이르는 길 그 자체를 추구하는 사람
들을 위하여 본질적인 무엇인가를 전하기 위해서 쓰여진 것이다. 여기 기술
된 내용이 진실인지 아닌지를 확인하기 위해서는 그것을 자기 스스로 살아

보는 것이 무엇보다 바람직한 일이다. 그런 의도로 쓰여진, 영적 계발을 촉발하는 저술을 읽는 데에는, 특정의 지식을 전하는 다른 많은 책에 대한 태도 이상의 것이 필요하다. 우리는 표현된 내용 속에 깊이 관여하지 않으면 안 된다. 하나의 내용을 이해하려 할 때, 그 내용에 관한 부분만이 아니라, 다른 내용에 대해서도 눈길을 주는 태도가 필요하다. 하나의 진리 속에 본질이 존재하는 것이 아니라, 모든 부분적 조화와 일치 속에 그것이 있다는 관점을 가져야 한다. 수행자는 이 말을 진솔하게 받아들여야 할 것이다. 하나의 행(行)은 올바르게 이해될 때에만 올바르게 실천될 수 있다. 그러나 그 경우에도 행(行)은 혼의 조화를 위해서 그 일면성을 보상할 수 있는 다른 행이 수행자 자신의 손에 의해 추가될 때 부정적인 작용을 피할 수 있다. 이 책을 읽고 그 내용들이 하나의 내적 체험이 되기에 이른다면 독자는 지식으로서 아는 데에 그치지 않고, 어떤 부분에서는 어떤 감정을, 또 다른 부분에서는 다른 감정을 체험하기에 이를 것이다. 그리고 감정이 인간 혼의 진화에 얼마나 중요한 것인지를 알게 될 것이다. 나아가서 자신의 개성에 맞게 의식적으로 특정한 방식으로 행을 하는 것이 또 얼마나 바람직한가도 알게 될 것이다. 스스로 체험해야 할 내용이 다루어진 글은 될수록 몇 번이고 반복해서 읽는 것이 좋다. 왜냐하면, 실천해 보지 않으면 느끼기 힘든 미묘한 내용을 다루고 있기 때문이다. 이 글의 많은 부분은 행을 통해서 비로소 만족할 만한 이해를 얻을 수 있는 것이다.

여기에 기술된 길을 실천적으로 걷지 않는 사람이라 하더라도, 자신의 내면생활에 있어서 유익한 것, 이를테면 생활에 도움을 주는 규칙들이나 수수께끼 같은 현상에 조우했을 때, 그것을 어떻게 이해하면 좋은지 이 글을 통해 시사받을 수 있을 것이다.

그리고 풍부한 인생경험을 쌓아 인생의 다양한 측면의 깊은 의미를 깨달은 사람은, 자신이 여태까지 개별적으로 이해한 것들이 하나의 그물처럼 관련성을 가지고 통일되는 것을 느끼고, 어떤 만족감을 가질 수 있을 것이다.

1909년 10월 12일, 베를린

루돌프 슈타이너

5판 머리말

　　《초감각적 세계 인식》의 새로운 판을 계기로, 10년 전의 원고에 약간의 첨삭을 가하였다. 혼의 체험과 혼의 길을 기술하는 이런 종류의 글은 늘 새롭게 고치고 다듬고 싶은 충동을 느끼게 한다. 여기에 기술된 모든 내용은 나 자신의 혼과 깊이 결합되어 있으며, 나 자신의 끊임없는 내면의 작업에서 비롯한 것이다. 나 자신의 내면적 혼의 노력이 없었다면, 과거에 쓰여진 문장에 보다 명확한 표정을 주려는 지금의 행위도 아무런 의미가 없을 것이다. 이 글의 본질적인 내용, 주요한 사항은 모두 예전 그대로이다. 그러나 몇 가지 중요한 수정이 가해지면서, 많은 부분이 좀더 명확해졌다. 그렇게 하는 것이 나에게는 중요한 것으로 여겨졌다. 누군가가 여기에 기술된 내용을, 자신의 정신생활에 적용하려 할 때, 혼의 길은 가능한 한 정확하게 그 특징이 밝혀져 있어야 하기 때문이다. 내면적이고 영적인 문제를 기술하는 행위는 물질계를 기술하는 것보다 훨씬 더 큰 오해를 불러일으키기 쉽다. 도저히 가늠할 수 없는 혼의 운동, 혼의 생활과 물질생활의 큰 차이, 더욱이 그 차이가 안이하게 처리되고 있는 상황, 그 외 오해를 불러일으킬 수 있는 요인은 너무도 많다. 나는 이 새로운 판을 내면서, 오해가 일어날 수 있는 부분에 주의를 기울여 문장을 다듬어서 오해가 해소되도록 노력을 기울였다.

이 책의 바탕이 되었던 글들이 쓰여졌을 때는, 영계의 사상(事象)들에 대해 최근 10년간 발표해 온 인식 내용들이 아직 알려지지 않은 상태였다. 그래서 몇 가지 점에서 지금과는 다르게 표현된 부분들이 있었다. 여기서 나는 그때와는 다른 방식으로 그 내용을 기술할 것이다. 나의 저서 《신비학 개론》, 《개인과 인류의 인도》, 《자기인식에 이르는 길》, 그리고 특히 《영계(靈界)의 문지방》과 다른 저서들 속에는 영적 사상들이 기술되어 있다. 10여 년 전의 이 책에도, 그러한 영적 사상들의 존재가 암시되어 있기는 하였지만, 그때는 지금과는 다른 언어로 표현하지 않을 수 없었다. 당시로서는 책에 기술할 수 없는 많은 사항들을 배우기 위해서는 "구두"에 의존해야 한다고 적을 수밖에 없었다. 그러나 그런 내용들도 지금은 이미 공개되어 있는데다, 당시에 내가 던진 암시가 오늘날까지 많은 사람들에게 잘못된 관념을 부여하여, 영적 수행에 정진하는 자에게, 특정 스승에 대한 개인적인 관계를 필요 이상으로 중시하게 하는 부작용을 낳고 있다. 이 새로운 판에서 나는, 현재의 영적 조건들에 비추어, 영적 수행자와 스승의 인격적인 관계보다 수행자와 객관적인 영계와의 직접적인 관계가 훨씬 더 중요하다는 관념을, 세부에 걸쳐 표현의 방식을 바꿈으로써, 보다 명확히 강조하였다. 앞으로 영적 수행에 도움을 주는 스승이란, 현대인의 의식에 맞게, 다른 학문 분야의 교사와 마찬가지로 어디까지나 조언자의 위치에 머물게 될 것이다. 스승의 권위, 스승에 대한 신뢰는, 영적 수행에서나 학문 분야에서나 생활에 관련된 분야에서나, 모두 한결같아야 한다고 믿는다. 이렇게 영학 연구자와 그 연구성과를 배우려는 사람의 관계를 올바르게 이해해 가는 경향은, 내게는 무척 중요한 일로 여겨진다. 10년이 지난 오늘, 이 책은 그런 의미에서, 필요한 만큼 충분히 개정되었다고 믿는다.

이 새로운 판의 인쇄는 오늘날 체험하고 있는 대전이 시작된 시점에서 이미 완료되었다. 이 서문을 써나가면서, 나의 혼은 이 운명적인 사건에 심한 동요를 느끼고 있다.

1914년 9월 7일, 베를린

루돌프 슈타이너

에테르체(ether)

에테르는 그리스어로서 "빛남"을 의미한다. 광휘체 또는 생명체 라고도 한다. 생물의 유기적인 활동을 촉진하는 비가시적인 신체부분. 동양 의 "기(氣)"에 해당하는 신비학적 용어로, 이미 파라켈수스〔Philippus Aureolus Paracelsus(1493~1541). 르네상스 시대 스위스의 의사, 화학가. 고대의학, 연금술에 통달하였고, 의-화학의 시조로 일컬어진다. 그는 전우주를 하나의 살아 있는 생명체 로 보았다〕가 이 말을 사용했다. 슈타이너는 생물의 식물단계, 동물단계, 인 간단계에 따라 에테르체의 존재방식이 변화하고 있고, 인간의 경우에는 무 의식적인 충동뿐만 아니라 기억능력도 에테르체의 활동에 의한 것으로 보 았다. 요가에서 말하는 6개(또는 7개)의 "차크라(연꽃 또는 바퀴)"는 에테르 체에 의한 일종의 영적 감각기관이라고 한다.

아스트랄체(astral)

"별"을 의미하는 아스터의 형용사형. 성기체(星氣體)라고도 한 다. 신비학의 용어이다. 에피쿠로스는 인간의 내면생활을 신적인 영(靈)의 작용과 아스트랄적인 혼(魂)의 작용으로 나누고, 후자가 육체에 의존하고 있다는 점에서 물질에서 유래하는 것으로 생각하였다. 슈타이너는 인간의 본성을 육체, 에테르체, 아스트랄체, 자아의 넷으로 나누어 기술하고 있다. 아스트랄체는 자아처럼 이상을 추구하고 목적을 지향할 뿐만 아니라, 의식의 근저에서 공감과 반감의 작용을 주재하면서, 넓은 의미에서의 감정(기쁨, 슬픔, 기대, 동경, 질투심)을 일으킨다.

초감각적 세계 인식

초감각적 세계 인식의 길

조건

　모든 인간의 내면에는 감각적 세계를 넘어 보다 높은 차원의 세계를 인식할 수 있는 능력이 잠재되어 있다. 신비가(神秘家), 그노시스파, 신지학자(神智學者)들은 예로부터 눈으로 볼 수 있고 손으로 만질 수 있는 물질계의 사물과 다를 바 없이, 혼과 영의 세계 또한 현실적으로 존재하고 있다고 말해 왔다. 그 말들을 진솔하게 받아들일 수 있는 사람이면, 누구나, 언제, 어떤 경우에도, 마음속에 다음과 같이 새겨볼 수 있다. "아직은 잠들어 있는 내면의 어떤 특정한 힘을 각성시킨다면, 나는 그 사람들이 말하는 세계를 스스로 체험할 수 있다"고. 단지 그러한 내면의 능력을 각성시키기 위해, 무엇부터 어떻게 시작해야 할지를 모르고 있을 뿐이다. 그리고 그런 능력을 가진 사람만이, 그 길에 이르는 가르침을 줄 수 있다. 수행의 길은 인류가 시작될 때부터 계속 존재해 왔다. 그리고 고차원의 인식 능력을 가진 사람이, 그 길을 찾는 사람에게 가르침을 펴 왔다. 이 수행의 길은 비밀(秘密)의 행(行)이라 하였고, 그로부터 물려받은 가르침을 비전(秘傳)이라 일컬었다. 이와 같은 용어는 당연히 오해를 불러일으킬 수 있을 것이다. 수행자들이 자신들을 특별한 인간으로 인식시키기 위해서, 주위 사람들에게 지식을 감추는 것으로 생각할 수도 있을 것이다. 그뿐 아니라, 그렇게 감춰진 지식 따위에 훌륭한 내용이 들어 있을 리 없다고 생각하는 사람조차 있을 것이다. 왜냐하면 진실로 그것이 진리라면, 왜 그것을 비밀로 할 필요가 있는가, 세상에 널리 공개하여 모든 사람이 그 은혜를 누릴 수 있게 해야만 하지 않는가, 하는 의구심이 당연히 일어날 것이므로.

신비지식의 본질에 정통한 사람이라면, 외부인이 이러한 의구심을 품는다고 해서 조금도 이상하게 생각하지 않는다. 어디에 비전의 비밀이 존재하는지를 아는 사람은 어느 정도 존재의 고차적 비밀에 참여를 허락받은 자뿐이다. 그렇다면 도대체, 이런 사정 속에서 비전의 지식을 가지지 않은 사람이 어떻게 거기에 관해 관심을 가질 수 있는가. 왜 마음속에 전혀 떠올릴 수도 없는 지식을 추구해야만 하는가. 그러나 이와 같은 의문 그 자체는, 비전의 본질에 대한 잘못된 생각에서 비롯하는 것이다. 신비지식이라 하더라도, 보통 우리들이 문제로 삼는 다른 지식이나 능력과 다르지 않다. 그것이 비밀스럽다는 것은, 문자를 배우지 않은 사람에게는 문자로 쓰여진 모든 것이 비밀스러운 것과 똑같은 의미에서이다. 올바르게만 배우면 누구든지 글을 쓸 수 있다. 그와 같이, 올바른 길을 걷기만 한다면, 누구든지 비전을 전수받는 신비학도가 될 수 있고, 나아가 비전을 전수하는 신비학자가 될 수 있다. 신비지식이 외적인 지식이나 능력과 다른 점은 다음과 같은 사정에 한정된다. 주어진 생활환경이나 문화적인 여건 때문에, 글을 배울 기회를 가지지 못할 수는 있다. 그러나 고차적 세계에 관한 지식이나 능력을 진솔하게 추구하는 사람에게는, 그 어떤 장애도 존재하지 않는다.

대부분의 사람들은 신비지식을 배우기 위해서 스승을 찾아 온 세상을 헤매지 않으면 안 된다고 믿고 있다. 그러나 여기에는 두 가지 원칙이 있다. 첫째, 진정한 마음으로 초감각적 인식을 추구하는 자는, 자신을 그 비밀로 인도해 줄 스승과 만날 때까지 어떤 노력도, 어떤 어려움도 마다해서는 안 된다. 둘째, 인식을 갈구하는 성실한 노력이 존재하는 한, 어떠한 때, 어떤 상황에서도, 가르침을 펼 사람이 반드시 그 사람을 찾아낸다는 사실이다. 모든 스승이 준수해야 할 원칙에 따르면, 어떤 사람에 대해서도 그가 전수받기에 적합한 지식이라면 기꺼이 가르침을 베풀어야 한다. 그러나 전수하기에 적합하지 않은 사람에게는, 어떤 종류의 비전도 가르쳐서는 안 된다는 것 또한 지켜야 할 원칙이다. 이 두 가지 원칙을 철저하게 지키는 스승일수록, 뛰어난 스승이라 할 수 있다. 비전을 배우는 모든 사람을 이어주는 영적 인연은 외적으로 드러나지 않는다. 그 인연은 이 두 가지 원칙의 강력한 매개작용에 의해 유지된다. 당신이 그 사람과 아무리 깊은 우정을 맺고 있다 해도, 당신 자신이 비전을 배우지 않는 한, 당신은 그 부분만큼 그 사람과 본질적으로 격리되어 있는 것

이다. 당신이 그 사람의 마음과 사랑을 송두리째 누리고 있다 하더
라도, 적절한 성숙의 단계에 도달하지 않은 당신에게, 그 사람은 비
전의 지식을 말하지 않을 것이다. 어떠한 감언이설로 유혹해도, 어
떤 고문을 가해도, 당신의 혼이 그 지식을 올바르게 받아들일 준비
가 되어 있지 않는 한, 스승은 결코 그 지식을 밝히지 않을 것이다.

  비전을 배우기에 적합한 인간을 양성하는 길은 엄밀하게 정해져
있다. 그 길은 영원히 지울 수 없는 문자로 신전(神殿)에 뚜렷이 새
겨져 있고, 그 신전의 비밀은 스승들에 의해 수호되고 있다. "역사"
이전의 태고적 사람들은 외적인 눈으로도 "영계의 신전"을 볼 수 있
었다. 우리들의 생활이 비정신적으로 되어버린 오늘날에는, 이미 눈
에 보이는 세계 속에 그것은 존재하지 않는다. 그러나 영적으로 보
면, 그것은 어느 곳에건 존재하고 있고, 구하는 자는 누구든지 찾아
낼 수 있다.

  자기 자신의 혼을 변혁시키는 것 이외에, 스승의 단단한 입을 열
게 할 수 있는 수단은 없다. 혼의 질을 어떤 높이까지 끌어올렸을 때,
최상의 영적인 보물이 당신에게 주어질 것이다. 구도의 첫걸음은 혼
의 어떤 상태에 기초를 두지 않으면 안 된다. 신비학자는 이 혼적 상
태를 진리와 인식에 대한 외경심, 예찬의 좁은 길이라 부른다. 이러
한 상태에 도달한 사람만이 신비학을 배울 수 있다. 이 길에서 체험
을 쌓은 사람은 성장한 후에 신비학도가 될 어린이가 어떤 태도와
소질을 나타내는지를 알 수 있게 된다. 존경하기에 합당한 사람을

외경심과 부끄러움의 눈길로 올려다보는 어린이가 있다. 그 어린이
는 마음 깊은 곳에 비판과 반론의 충동을 억제하는 외경심을 가지고
있다. 청년이 되어 존경할 만한 사람을 만났을 때, 그들의 마음은 기
쁨에 가득 찬다. 그러한 "사람됨" 속에서 많은 신비학도가 성장해간
다. 당신도 언젠가 존경하는 사람을 처음 방문하여 그 문 앞에 서서
벨을 누르고, 당신에게는 성역이었던 그의 방에 안내받았을 때, 신
비학도로서의 이후의 당신의 삶에 어떤 계기가 될 감정이 내면에서
솟아오르는 경험을 한 적이 있을 것이다. 성장하는 인간이 그러한
감정을, 길의 시작에서 경험한다는 것은 하나의 행운이다. 그것을 예
속과 복종의 씨앗이라 생각해서는 안 된다. 처음에는 타인에 대한
어린애 같은 외경심에 지나지 않는다 하더라도, 그것이 후에 진리와
인식에 이르는 외경심으로 발전하는 것이다. 존경할 만한 사람을 그
에 적합한 감정으로 존경하는 태도를 배운 사람은, 정신을 자유롭게
유지하는 방법도 잘 알고 있다. 그리고 마음의 저 깊은 곳에서 외경
의 감정이 솟아오를 때, 그 외경의 대상은 거기에 합당한 존재이다.

우리들 자신보다 고차적인 존재가 실재한다는 절실한 느낌을 가
질 수 없다면, 우리는 보다 고차적인 존재로 상승할 수 있는 내적 힘
을 키울 수 없다. 스승은 자신의 마음을 외경의 깊이까지 이끌어갈
수 있었기 때문에, 자신의 정신을 높은 인식의 경지로 이끄는 힘을
얻을 수 있었던 것이다. 공경과 순종의 문을 통과할 때만이, 영의 높
이까지 이를 수 있다. 그것을 존중하고 소중히 여기지 않는데, 어떻

게 그것에 대한 올바른 지식을 얻을 수 있겠는가. 인간은 누구나 자
신의 눈을 빛의 방향으로 돌릴 수 있는 권한을 가지고 있다. 그러나
그 권리는 다른 사람이 주지 않는다. 자기 스스로 손에 넣는 것이다.
영적인 생활에도 물리적 생활처럼 여러 가지 법칙이 있다. 유리 막
대기를 적당히 헝겊에다 문지르면 전기가 발생한다. 이것은 자연의
법칙이다. 물리학을 조금 배워본 사람이라면 누구나 알고 있는 일이
다. 이처럼 신비학의 기초를 알고 있는 사람은 혼의 내부에서 자라
난 진실한 의미의 외경심이, 언젠가는 인식의 길을 걷는 데에 필요
한 힘을 일깨워주리란 것을 알고 있다.

선천적으로 또는 교육에 의해 다행히도 외경심을 간직하고 있는
사람은, 이미 고차적 인식의 탐구를 위한 준비가 되어 있다고 할 수
있다. 이러한 감정이 스스로에게 결여되어 있다고 생각한다면, 지금
부터 외경하는 마음을 기르는 노력을 아끼지 말아야 한다. 그렇지
않으면 인식의 길, 제1단계에서부터 곤란에 직면하게 될 것이다. 우
리 시대는 특히 이 점에 주의할 필요가 있다. 문명생활은 존경하고
숭배하기보다는 비판하고, 재단하고, 혹평하는 경향을 띠기 마련이
다. 비판하고 재단하는 모든 행위는 우리의 혼에 잠재된 고차의 인
식능력을 빼앗는다. 거기에 반해, 헌신적이고 외경하는 마음은 그 힘
을 길러준다. 그렇다고 여기서 나는 문명비판을 할 생각은 없다. 문
명비판이 문제가 아니다. 오늘날의 문명은 자기 자신을 의식화하는
판단력, "모든 것을 음미하고 최선의 수단을 선택하는" 태도, 즉 비

판정신에 의해 위대한 발전을 이룩하였다. 모든 것에 대해 비판력을 행사하고 인간을 기준으로 판단하지 않았다면, 현대과학은 존재할 수 없었을 것이다. 그러나 우리는 외적 문명생활을 얻기 위해 고차원의 인식활동이나 영적 생활을 희생시키는 대가를 지불해야 했다.

고차원의 인식을 얻기 위해 지금 우리가 해야 할 바는, 인간숭배가 아니라 진리와 인식에 대한 외경이다.

현대의 문명생활을 누리면서 초감각적 세계의 인식을 얻기 위해서는, 자기 자신을 직시하는 철저한 노력 없이는 거의 불가능하다. 물질생활이 간소했던 시대의 인간은 쉽게 영적인 고양을 달성할 수 있었다. 숭배할 만한 성스러운 대상이 세속의 환경 속에서도 눈에 두드러지게 존재하고 있었다. 비판의 시대가 되자, 이상적인 것이 세속에 매몰되고, 존경과 외경, 숭배와 찬양과는 다른 감정들이 사람의 마음을 지배하게 되었다. 그 결과, 외경심은 점차 배후로 밀려나가, 우리들의 일상생활 속에서 거의 자취를 감추게 되었다. 그러므로 초감각적 인식을 추구하는 사람은 자신의 내면에서 외경심을 일깨우려는 노력을 게을리해서는 안 된다. 그리고 자신의 혼을 이 감정으로 가득 채워야 한다. 그것은 연구에 의해 달성되는 것은 아니다. 그것은 생활을 통해서만 성취될 수 있다. 신비학을 배우려는 사람은 외경하는 마음을 가질 수 있도록, 진술한 태도로 스스로를 교육하지 않으면 안 된다. 그리고 자신의 모든 체험이나 주위환경 속에서 숭고한 찬미의 대상을 구해야 한다. 누군가를 만나 그 사람의

약점을 캐내고 비난할 때, 나 스스로 자신의 고차적 인식능력을 죽
이고 있는 것이다. 사랑으로 그 사람의 덕성에 마음을 던질 때, 나의
능력은 축적된다. 신비학을 배우는 사람은 항상 이 점에 유의하여
지침에 따를 것을 잊지 말아야 한다. 모든 사물과 현상 속의 아름답
고 훌륭한 부분에 주의를 기울이고, 비판적인 판단을 삼가는 태도가,
우리들의 혼에 얼마나 큰 힘이 되는지, 이 길에 들어선 모든 신비학
자는 잘 알고 있다. 그러나 그것이 외적인 생활규칙에 머물러서는
아무런 의미가 없다. 혼의 깊은 곳에서 살아움직여야 한다. 인간의
자기변혁은 내적인 사상 생활의 깊이 속에서 이루어져야 한다. 어떤
존재에 대하여 경의를 표하는 것만으로는 불충분하다. 이 경의는 감
정의 움직임과 함께 해야 한다. 무엇보다 사상 생활 속에 외경심이
일어나게 할 것, 이것이 신비학의 출발점이다. 자신의 의식 속에 들
어 있는 불손함, 파렴치한 사고나 경멸하고 비판하는 성향에 유의하
여, 진실로 외경이라는 사고와 감정을 기르는 데에서 출발해야 한다.
   세계와 인생에 대한 판단을 내릴 때, 모든 것을 경멸하고 비판적
으로 정리해버리는 자신의 태도 속에 그 무엇이 숨겨져 있는지, 거
기에 주목하며 반성하는 순간은, 늘 우리를 고차적 인식으로 이끌어
준다. 또한 그 반성의 순간에, 우리의 의식을 세계와 인생에 대한 찬
미, 경의, 존경으로 충만시킬 때, 우리의 성취는 더 빨라질 것이다.
그 순간에 지금까지 잠들어 있던 모든 힘이 눈을 뜬다. 이것은 수행
의 길을 걸어온 자가 체험한 하나의 사실이다. 영안(靈眼)은 이것을

통하여 열리는 것이다. 지금까지 볼 수 없었던 사물들이 자신의 주위에서 보이기 시작한다. 여태까지 우리는 주변 세계의 작은 부분밖에 보고 있지 않았다는 사실을 깨닫기 시작한다. 자기 앞에 선 인간이 지금과는 전혀 다른 모습으로 나타나게 된다. 그러나 이 단계에서는 아직, 이를테면 인간의 아우라(aura)는 볼 수 없다. 거기에 이르기 위해서는 보다 높은 차원의 수행이 필요하다. 그 수행단계로 들어서기 위한 전 단계가 바로 외경의 행이다. 그것 없이는 모든 것이 불가능하다.*

　인식의 작은 길을 걸어가는, 영학을 배우는 사람의 실천은 세상의 눈에 띄지 않게 조용히 진행된다. 아무도 그의 변화를 눈치챌 필요가 없다. 그는 평소와 다름없이 일을 하고, 주어진 임무를 다한다. 변화는 외적인 눈이 미치지 않는 혼의 깊은 곳에서 일어나고 있다. 그 사람의 내면 생활 전체에, 존경하기에 합당한 모든 존재에 대한 외경이라는 기본적인 분위기가 뿜어져 나온다. 이러한 단 하나의 기초 감정이 혼의 생활 전체에 중심이 되는 것이다. 태양이 그 빛으로 생명을 가진 모든 것에 생기를 부여하듯이 외경하는 마음이 신비학도의 혼에 생명력을 던져주는 것이다.

　처음에는, 존경하고 경의를 표하는 감정이 인식과 관계하리라고

----

*　나의 저서《신지학─초감각적 세계의 인식과 인간 본질에 이르는 길》의 마지막 장인 〈인식의 작은 길〉에서 개략적으로 기술하였다. 여기서는 실천적인 상세한 내용을 기술할 생각이다.

생각하기는 어려울 것이다. 인식 행위란 혼의 활동 가운데서도, 특수한 능력에 속한다고 생각하기 쉽기 때문이다. 그러나 인식행위 또한 혼의 운동이다. 외경하는 감정이란 혼의 양식과도 같다. 빵 대신에 돌을 먹으면, 인간의 육체는 당연히 죽어갈 것이다. 혼도 그와 같다. 존경과 경의, 외경이라는 감정은 혼을 건강하고 힘차게 하는 동시에 인식활동에 활력을 불어넣는다. 충분히 인정할 가치가 있는 것에 대해 과소평가하고, 경멸하고, 반감을 품는 행위는 우리의 인식능력을 마비시킨다. 영학자는 이 사실을, 인간의 아우라 속에서 선명히 볼 수 있다. 외경하는 마음으로 충만한 혼의 아우라는 변화해 간다. 적황색, 적갈색 같은 색조가 사라지고, 적자색의 기운이 나타난다. 그것이 바로 인식 능력이 개발된 징표이다. 이전에는 예감조차 가질 수 없었던 사실들이 이해되기에 이른다. 외경은 혼의 내부에 대상에 대한 공감을 불러일으키고, 이 공감에 이끌려 여태까지 숨겨져 있던 존재의 특질이 우리 눈앞에 그 모습을 드러내게 된다.

외경에 의해 개발된 능력이 다른 감정들과 결합할 때, 그 능력은 한층 더 활성화된다. 그것은 외면적인 인상에만 머물지 않고, 내면생활을 충실히 함으로써 달성되는 것이다. 외적인 인상에서 외적인 인상으로 끊임없이 마음을 몰고 가는 사람, 항상 "기분전환"의 소재만을 찾아헤매는 사람은 인식의 길을 잃고 만다. 영학도가 외계에 둔감해야 된다는 말이 아니다. 풍요로운 내면생활로, 외부에서 주어지는 인상들을 주도할 수 있어야 한다는 의미에서 그렇다. 풍요로운 감정을 그 내면에 간직한 사람의 자연체험은 특별하다. 내면체험이 자연의 미를 열어주는 열쇠를 가져다주기 때문이다. 큰 바다를 항해하면서, 어떤 사람은 아무런 감동도 없이 그냥 스쳐간다. 그러나 어떤 사람은 대자연의 영원한 속삭임을 느끼고, 창조의 신비에 사로잡힌다. 이렇게 외적 세계와 항상 풍족한 관계를 가지도록, 우리는 자신의 감정이나 표상을 소중하게 길러가야 한다. 삼라만상 하나하나가 장엄한 신성의 빛으로 충만하다. 그 빛을 체험하려면, 우선 자신의 혼에 내재한 신성을 먼저 발견해내야 한다. 그러므로 영학을 배우는 자는 생활 속에, 고독 속에서 내면으로 침잠하는 시간을 마련할 필요가 있다. 그러나 그 시간이 오로지 자아의 욕구에 추종하는 시간이 되어서는 안 된다. 세계가 나에게 열어준 사물이나 현상, 그리고 사건들의 여운을, 완전한 고독과 정적 속에서 되새겨보아야 한다. 꽃, 동물, 그리고 어떤 행위들이 이 침묵의 순간에 예기치 않은 비밀을 밝혀준다. 신비학도는 이전과는 전혀 다른 눈으로 세계에 대한 새로운 인상을 보게 된다. 시시각각 변해가는 인상들을 즐기려고만 할 때, 우리의 인식능력은 무뎌진다. 무언가를 누리고, 그 즐거움에서 무엇인가를 밝혀내려 할 때, 우리의 인식능력은 고양된다. 그것은 자신이 누린 즐거움의 여운을 내적 작업을 통하여 소화시키려는 태도에 의해 이루어진다. 위험한 암초는 너무도 많다. 내적 작업을 그만두고, 언제까지고 즐거운 여운 속에 젖어 있고 싶다. 신비학도가 범하기 쉬운 오류가 이러한 태도 속에 잠재되어 있음을 잊지

말아야겠다. 우리의 혼은 헤아릴 수 없이 많은 유혹 속을 통과해 간
다. 암초는 신비학도의 "자아"를 돌처럼 딱딱하게 굳게 하고, 폐쇄적
이게 한다. 우리의 자아는 세계를 향하여 열려 있어야 한다. 그러기
위해서, 무엇인가 이 세계에서 즐거움을 찾아야 한다. 왜냐하면 세
계는 즐거움을 통해서만 우리에게 다가오기 때문이다. 즐거움에 둔
감할 때, 인간은 영양분을 공급받지 못하는 식물과 다름이 없다. 그
러나 즐거움에 언제까지고 머물려 하는 태도 또한 폐쇄성이란 사실
을 잊지 말자. 그 태도 속에서, 스스로에게는 어떤 의미 있는 존재일
는지 모르지만, 이 세계와의 관계에서는 무(無)와 같다. 그가 아무리
내면적으로 활달한 삶을 살고, "자아"를 멋지게 성장시킨다 해도, 세
계는 그를 무시할 것이다. 세계에 있어 그는 죽어 있다. 즐거움은 우
리에게 세계를 보고하는 척후병이다. 그의 보고를 받아 우리는 내면
의 작업으로 향한다. 인식의 길을 걷는 자는 지적 재산을 축적하기
위해서 배우지 않는다. 자신을 고귀한 존재로 상승시키려는 그의 의
도가, 세계를 위한 하나의 수단에 지나지 않는다는 사실을, 그는 잘
알고 있다.

　어떤 목표를 달성하려 할 때, 영학을 배우는 자가 결코 범할 수 없
는 하나의 근본명제가 영학의 전통 속에 살아 숨쉬고 있다. 이것은
비밀의 행을 실천하는 수행자의 마음속에 깊이 새겨져 있어야 한다.
　"당신이 구하고자 하는 어떤 인식내용이 당신의 지적 재산을 축적
하기 위한 것일 때, 그것은 당신이 나아가야 할 길을 왜곡시킨다. 그

러나 그 인식을 통해 인격을 고양시키고, 세계의 영적 진화를 의도할 때, 당신을 한걸음 더 성숙한 길로 이끌어줄 것이다."

이 원칙은 반드시 지켜져야 한다. 이 원칙을 삶의 규범으로 삼지 않는 한, 그 누구도 영학도일 수 없다. 이제 우리는 진실한 영적 수행을 다음과 같은 명제로 정리할 수 있게 되었다.

"이상 없는 모든 이념은 우리의 혼을 말살한다. 그러나 이상을 간직한 모든 이념은 우리 안에서 생명력을 산출한다."

내적 평정

인식의 길을 걷는 영학도에게 외경의 작은 길과 내적 생활의 개발이라는 두 가지 행이 주어졌다. 그리고 이 작은 길을 걸으며 내면생활에 충실한 영도가 반드시 지켜야 할 규칙들이 있다. 그 규칙들은 한 개인의 즉흥적인 착상의 소산이 아니라, 태고적부터 전해오는 경험과 지식에 기초한 것이며 고차원의 인식을 위한 지침으로서, 예로부터 변함없는 방법으로 주어져 왔다. 진정한 의미에서 모든 영적 스승들은, 비록 그 규칙들이 언어적인 표현이야 다르다 하더라도, 그 본질적인 내용에서는 동일하다는 것을 잘 알고 있다. 그리고 영적 스승이라면 그 누구도, 이러한 규칙을 통하여 타인을 지배하려 하지 않는다. 어떤 사람의 독립성도 침범하려 하지 않는다. 왜냐하면 영학자는 누구보다도 인간의 개성과 독립성을 존중하고 수호하는 존재이기 때문이다. 이미 앞에서 말한 바처럼, 모든 스승들

은 영적인 인연으로 그물처럼 얽혀 있고, 두 가지 원칙이 이 영적 인
연의 매개체로서 작용한다. 만일 지금, 어떤 스승이 견고한 성처럼
지켜지고 있는 영적 세계를 벗어나서, 대중 앞에 섰을 때는 "자신의
행위와 발언이 어떤 사람의 자유로운 의사결정에도 장애가 되지 않
게 배려하라"라는 제3의 원칙이 그에게 요구된다. 영적 생활의 진정
한 스승은 완벽하게 이러한 기본정신을 지킨다. 이 내용을 통찰하는
사람은, 지금 자신의 스승이 요구하는 실천적 규칙에 따르고 있다
하더라도, 자신의 독립성이 침범되지 않는다는 사실을 잘 이해할 수
있을 것이다.

최초의 실천적 규칙은 다음과 같은 말로 표현할 수 있다. "내적 평
정의 순간을 확보하고, 그 속에서 본질적인 것과 비본질적인 것을
구별하는 방법을 배우라."

원래 모든 영학의 원칙이나 규칙은 상징적 기호로 주어진다. 그 때
문에 원칙이나 규칙의 의미나 유효범위 등 모든 것을 알려면, 상징
기호를 해석하는 데서부터 시작해야 한다. 그러나 상징의 해석은 이
미 그 자신이 영학의 길을 걸었을 때에 가능한 일이다. 여기 제시된
규칙들을 올바르게 지키려는 성실한 의욕을 가진 모든 사람에게, 이
길은 열려 있다.

내적 평정은 무척 간단하다. 그러나 간단하면 간단할수록, 진솔하
고 엄격한 실천이 요구된다. 영학을 배우는 자는 일상생활과는 전혀
다른 시간을 가져야 하고, 그 시간을 보내는 방법 또한 일상적인 것

과는 달라야 한다. 그렇다고 해서 이 특별한 시간이 대상으로 삼는 무엇이, 일상적인 것과 아무 연관성도 없는 것이라고 생각할 필요는 없다. 오히려 그 반대이다. 올바른 방법으로 이 특별한 시간을 소비하는 사람은, 언젠가는, 이 시간 속에서 일상을 살아가는 데 필요한 충족된 힘을 얻고 있다는 것을 느끼게 될 것이다. 이 규칙을 지키느라 일상생활에 지장을 초래하지 않을까 걱정할 필요는 없다. 만일 정말로 자신의 시간이 없다면, 하루에 5분 정도로 충분하다. 문제는 어떻게 그 5분을 사용할 것인가이다.

이 시간 속에서 자신을 완전히 일상생활에서 격리시킨다. 사고와 감정의 활동이 일상생활의 그것과는 다른 색깔을 띠게 하면 된다. 기쁨, 슬픔, 걱정거리 등 모든 경험과 행위를 혼의 무대에 등장시킨다. 자신의 경험들을 객관적인 관점에서 바라볼 것을 명심하면서. 우리는 보통 다른 사람의 행동이나 경험을 자신의 그것과는 다른 방식으로 관찰한다. 이렇게 관찰방법이 다른 것은 어쩔 수 없는 일이다. 자신의 경험은 그 속에 자신이 포함되어 있으므로. 그러나 다른 사람의 경험 속에는 자신이 들어 있지 않다. 그래서 그냥 바라볼 뿐이다. 우리는 일상생활과 격리된 그 시간 속에서, 자신의 경험이나 행위를 마치 다른 사람 것처럼 바라볼 수 있어야 한다. 심각한 운명의 타격을 받았을 때, 우리는 그것을 다른 사람 일처럼 보듯 할 수는 없다. 그걸 나무랄 사람은 없을 것이다. 그것이 인간의 본성이기 때문에. 그런 특수한 경우뿐만 아니라 사소한 일상사에서도, 우리는 그런 태도를 취한다. 그러나 신비학도는 특정한 시간 동안만이라도, 자기 자신을 다른 사람 보듯이 관찰하는 능력을 길러야 한다. 비평가의 냉정한 시선으로 자신을 바라보는 것이다. 이것이 가능해질 때, 자신의 체험내용에 새로운 조명이 비추어지게 된다. 체험내용에 속박되어 거기에 머물러 있는 한, 우리는 본질적인 것과 비본질적인 것에 무차별로 관계하는 셈이다. 내적 평정으로 달관할 때, 본질적인 것과 비본질적인 것을 구별할 수 있다. 고뇌와 열락, 어떠한 결단, 어떠한 사고내용도, 이러한 태도로 나 자신과 마주설 때는 전혀 다른 모습으로 나타난다. 이를테면 하루종일 거리를 배회하면서 눈으로 보고 느낀 사물들을, 밤에 언덕 위에 올라 한눈으로 내려다보는 것과 같다. 거리에서 보았던 사물들의 관계가 그 속에 머물러 있을 때와는 다르게 보이는 것이다. 이 태도를, 지금 자신이 체험하는 자신의 운명에 적용할 필요는 없다. 과거의 체험을 그렇게 바라볼 수 있도록 노력하면 된다. 내적 관찰의 가치는, 그때 무엇을 보는가에 있는 것이 아니라, 그러한 부동심에 의해 개발된 힘을 내면에서 느낄 수 있는가에 있다.

모든 인간은 일상적인 자기 외에 또 하나의 고차적인 인간을 간직하고 있다. 내면의 고차적 인간은 의도적으로 각성시키지 않는 한, 언제까지고 숨어 있다. 이 고차적 인간을 각성시키려면, 자신의 힘에 의존할 수밖에 없다. 그리고 우리를 초감각적 인식으로 이끄는 아직은 잠들어 있는 고차적인 능력 또한, 내면의 고차적 인간이 각성하지 않는 한 숨어 있을 뿐이다.

내적 평정의 결실로서 어떤 힘을 느낄 때까지, 우리는 이 규칙을 엄격히 지켜야 한다. 그러면 언젠가는 주위가 영적으로 밝아지면서 미지의 눈이 열리고, 눈앞에 전혀 새로운 세계가 펼쳐지는 날이 반드시 찾아올 것이다.

영학을 배우는 사람은 자신의 외적 생활태도를 변화시킬 필요는 없다. 언제나 그러했던 것처럼 일상생활을 하면 된다. 어떤 식으로든 그것 때문에 "생활"에서 소외되는 일은 없어야 한다. 오히려 일상의 시간을 보다 완전하게 "생활"에 몰입할 수 있게 된다. 왜냐하면 격리된 순간에 "고차적 생활"을 습득하게 되면, 그것이 점차로 일상생활에 영향을 미치기 때문이다. 그 사람의 전체적인 분위기에 침착성이, 하나하나의 행동에 확실함이 더해져서, 어떠한 돌발사태에도 혼란을 일으키지 않는다. 초보자도 서서히 자기 자신을 제어할 수 있게 되어, 외적인 영향에서 벗어난다. 그리고 마침내, 격리된 그 순간이 얼마나 큰 힘의 원천이 되는지를 느낀다. 옛날의 나였다면 화를 냈을 일에도 화를 내지 않는다. 마음을 불안하게 했던 일들이 조용해진다. 전혀 다른 삶의 태도가 나타나는 것이다. 지금까지 당신은 여러 가지 일들에 대해 겁을 먹고 있었을 것이다. "좀더 능력이 있었더라면 좋은 결과를 냈을 텐데"라는 후회에 사로잡혀 있었다. 이제 그는 달라져 있다. "좋은 결과를 내기 위해 최선을 다한다"라고 생각하게 된다. 이제 그는 겁에 질리지 않는다. 그의 행위를 오류에 가득 차게 한 것도 바로 그것이었다. 그것은 어떤 경우에도 자신을 좋은 방향으로 이끌지 않는다는 것을 알게 된 것이다. 이렇게 영학을 배우는 사람의 생활 태도 속에는 모든 퇴폐와 억압을 극복하는, 삶을 풍요롭게 하는 사고방식이 현저하게 나타나게 된다. 지금까지 그는 세상의 거친 파도에 이리저리 밀려만 다녔다. 그러나 이제 그는 인생의 거친 파도를 헤쳐나가기 위해 스스로 키를 잡는다. 평안과 침착성은 인간존재의 핵심에까지 영향을 끼친다. 이것이 내적 인간을 성장시키고, 그와 동시에 우리를 고차적 인식으로 이끌어가는 내적 능력을 각성시킨다. 이런 능력을 각성시킨 사람은 외부세계의 인상이 그 자신에게 끼치는 영향의 범위를 점차로 컨트롤할 수 있게 된다. 누군가가 그를 상처입히고 화나게 해도, 그는 이제 상처도 입지 않고 화도 내지 않는다. 인식의 작은 길을 걷기 시작한 지금, 그는 그 말들을 마음속에 받아들이기 전에, 상처를 주는 독침을 제거하는 기술을 익힌 것이다. 약속시간이 되어도 나타나지 않는 사람을 기다리면 금방 안절부절못하던 사람이 영학의 길을 걷는다고 하자. 그는 내적 평정의 순간에 그 초조함이 얼마나 부질없는가를 하나의 감정으로 철저하게 경험했기 때문에, 안절부절못하는 그 순간, 자신의 감정 상태를 의식하게 된다. 머리를 내밀기 시작한 초조감이 가시면서, 그와 함께 헛되이 소모되었을 터인 그 시간에 그는 주위의 사물을 관찰하기 시작한다.

내면의 "고차적 인간"은 끊임없이 진화하고 있다. 그 진화를 법칙에 맞게 이끌기 위해서는 반드시 평안과 침착성이 전제되어야 한다. 우리가 외적 생활의 거친 파도에 지배당하고 있을 때, 내면의 인간은 모든 방향에서 억압받는다. 그는 마치 깨어진 바위틈에 겨우 뿌리를 내리고 아슬아슬하게 목숨을 부지하고 있는 식물과 같다. 식물이라면 차라리 우리의 손으로 넓은 공간이라도 만들어줄 수 있다. 그러나 내면의 인간이 필요로 하는 공간은 그 누구도 외부에서 만들어줄 수 없다. 자신의 혼 속에 마련된 내적 평정만이 그것을 할 수 있다. 외부적으로 가능한 것은 외적 생활환경의 변화뿐이다. 내면의 "영적 인간"을 외부에서 각성시킬 방법은 없다. 영학을 배우는 자는 자신의 내면에 새로운 고차적 인간을 탄생시켜야 한다.

각성된 "고차적 인간"이 "내면의 지배자"가 된다. 그는 확실한 수단으로 외적 인간의 생활을 인도한다. 외적 인간이 주도권을 가지는한, 내적 인간은 노예에 지나지 않으며, 어떤 힘도 발휘할 수 없다. 내가 분노하고 않고 하는 행위가 나 이외의 무엇에 의존하고 있다면, 나는 나 자신의 주인이 아니다. 나는 아직 내면의 지배자를 발견하지 못하고 있는 것이다. 내면의 힘을 각성시켜 외부의 인상을 내가 정한 방식으로 나에게 작용시킬 수 있을 때, 비로소 나는 영학을 배우는 사람이라 할 수 있다. 그리고 성실하게 이 힘을 구할 때만, 그것을 얻을 수 있다. 무엇보다 중요한 것은, 정해진 시간에 얼마나 진보했는가가 아니라, 얼마만큼 진솔하게 구하는가이다. 눈에 띄는 진전도 없이 몇 년이 스쳐가는 경우도 드물지 않다. 그러나 절망하지 않고 의연히 노력해 온 많은 사람이 어느 날 갑자기 "내적 승리"
를 얻게 되는 것이다.

어떤 생활 환경에서는, 짧은 순간이나마 내적 평정을 획득하기가
힘들 수도 있을 것이다. 모든 영적 수행은, 얼마나 내적으로 진실하
고 성실한가, 또 얼마나 열성적으로 자기 자신과 마주설 수 있는가,
얼마나 자기 자신을 완벽하게 남을 바라보듯이 대할 수 있는가에 달
려 있다.

그러나 내적인 고차적 인간의 탄생이란 사건이, 영학을 배우는 자
의 내면작업의 모든 것은 아니다. 자신을 이방인으로 바라볼 수 있
는 힘을 얻었다 하더라도, 그는 아직 자기 이외의 것을 고찰할 수 있
는 힘이 없다. 개인적인 생활환경과 관련된 체험이나 행위에만 눈을
돌리고 있을 뿐이다. 그는 또 그것을 넘어서야 한다. 자신의 개인적
인 상황에 의존하지 않는, 순수 인간적인 영역으로 스스로를 고양시
켜야 한다. 지금과는 전혀 다른 환경과 상황 속에 놓여 있다 하더라
도, 인간으로서의 자기에게 다가오는 모든 사상(事象)을 고찰할 수
있는 눈을 길러야 한다. 그렇게 함으로써 그의 내면에 개인적인 관
계의 틀을 뛰어넘어, 하나의 생명이 숨쉬기 시작한다. 그와 동시에,
그의 눈길은 일상생활을 지배하는 이 세계에서 보다 고차적 세계로
향하게 된다. 그리고 그 자신이 고차적 세계의 일원이라는 것을 깨
닫기 시작한다. 그 세계들은 인간의 감각이나 일상적 삶의 손이 닿
지 않는다. 스스로가 그 세계의 일원임을 느끼게 되었을 때, 비로소

자기 존재의 중심점이 자신의 내부로 옮겨진다. 그는 이제 내적 평정의 순간에 울려나오는 내면의 목소리에 귀를 기울인다. 내면에서 영계와 친교를 맺기 시작하는 것이다. 그는 일상성에서 날아오른다. 일상의 소음이 사라지고 침묵이 주위를 지배한다. 시끌벅적하던 모든 외부적인 상념이 사라진다. 내면적인 정관이, 순수영계(純粹靈界)와의 대화가, 그의 혼 전체를 감싼다. 영학을 배우는 자의 이러한 내적 정관은, 하나의 자연스런 욕구로 일어난다. 그는 하나의 사고세계 속에 완벽하게 몰입해 들어간다. 그리고 그는 이 정적의 사고작업에 살아움직이는 감정을 결합시킨다. 영계가 이 사고세계에 불어넣는 것을 사랑하는 자세를 배운다. 드디어 그는 이러한 사고세계가, 주위의 일상적 사물보다 현실성이 없다는 생각을 버리기에 이른다. 그는 물질공간 속에서 사물과 접촉하는 그 태도와 조금도 다를 바 없이, 자신의 사고내용과 만나는 것이다. 나아가 내적 사고작업을 통해 인식한 내용들이 물질공간 속의 사물들보다 더 위대하고, 보다 현실적이라는 것을 느끼게 될 때가 찾아온다. 그는 체험한다. 사고 세계 속에서 생명이 자신의 모습을 드러내 보이는 것을. 사고내용 속에는 그림자나 영상들만이 존재하는 것이 아니라, 감추어진 본성들이 그 사고내용을 통하여 자신에게 속삭여온다는 것을, 이제 그는 알게 되었다. 침묵 속에서 생명의 속삭임이 울려나온다. 지금까지는 단지 귀를 통하여서만 들을 수 있었던 것을 혼을 통해 들을 수 있다. 내적 언어가 들려온다. 이 순간을 처음 경험하는 사람은 더없는 행

복감에 사로잡힌다. 내적인 빛이 그를 둘러싼 세계 위를 비춘다. 제
2의 인생이 시작된 것이다. 신적인 기가 순수한 환희의 흐름이 되어
그를 가득 채운다.

그노시스(Gnosis)에서는 사고내용 속에 혼의 힘을 응집시킴으로써,
혼이 영적 본성에 따라 살아가게 하는 인식의 행을, 명상이라 부른
다. 명상만이 초감각적 인식의 수단이다.

그러나 영학을 배우는 자는 명상의 과정에서, 감정에 탐닉하거나
막연한 기분에 좌우되어서는 안 된다. 이러한 태도는 진정한 의미에
서의 영적 인식을 방해한다. 우선 사고내용을 가능한 한 명료하고
정확하게, 어디에도 모호한 부분이 없게 형성하여야 한다. 그렇게 하
기 위해서는, 마음속에서 솟아오르는 사고내용을 아무것이나 무조건
받아들여서는 안 된다. 먼저 영적 인식의 길을 걸은 스승들이 명상
을 통하여 얻은 지식에 깊이 빠져들어 보는 것이 좋다. 처음에는 명
상 속에서 받은 계시를 기초로 하여 쓰여진 저술을 참고로 하는 것
이 좋을 것이다. 신비주의, 그노시스, 현대의 영학 문헌들 속에, 그
런 기술들이 포함되어 있다. 그 속에는 명상을 위한 뛰어난 소재들
이 들어 있다. 길을 걷는 자들은 그런 저술 속에 신지학적 사고내용
을 기록해 두었다. 영이, 그의 사자들을 통하여, 그 사고내용을 이
세상에 전하게 한 것이다.

명상을 통하여 신비학도의 내면에는 철저한 변화가 일어난다. 현
실에 대한 전혀 새로운 관념이 형성된다. 모든 사물들이 전혀 다른

가치를 가지게 된다. 그러나 신비학도는 결코 이러한 변화를 통하여,
이 세상과 인연을 끊지 않는다. 어떤 경우에도 그는 하루하루의 일
을 소홀히 하지 않는다. 왜냐하면 자신의 행위, 겪어야만 할 체험의
어떤 조그마한 부분이라도, 광대무변한 우주적 현상들과 관련되어
있다는 것을 통찰하고 있기 때문이다. 명상의 순간에 그 우주적 관
련성을 인식하고, 더욱 새롭고 충실한 힘으로 일상의 일에 임한다.
그의 노동, 그의 고뇌는 장엄한 영적 우주의 관계성 속에서 이루어
지는 것이다. 그는 지금 그것을 알고 있다. 그러므로 명상 속에서 솟
아오르는 그것은, 결코 퇴폐나 게으름이 아니다. 살아가려는 힘이다.
　이렇게 신비학도는 견실한 발걸음으로 인생을 걸어간다. 삶이 무
엇을 그에게 가져다주어도, 그는 곧바른 자세로 자신의 길을 걸을
뿐이다. 지금까지 그는 왜 일을 해야 하는지, 왜 고뇌해야 하는지 이
해할 수 없었다. 그는 지금 그것을 안다. 명상 체험이 풍부한 달인의
지도를 받으며 수행을 할 때, 보다 좋은 성과를 올릴 수 있음은 너
무도 당연하다. 스승일 수 있는 사람은 자신의 경험을 통해 어떻게
하면 좋은지를 잘 알고 있다. 배우려는 자는 이런 사람들의 조언과
지도를 소중히 여겨야 한다. 그것 때문에 자신의 자유가 제한받는
일은 없다. 불확실한 암중모색이, 스승의 가르침을 통해 목표를 잃
지 않는 유익한 노력이 될 수 있다. 지식과 경험이 풍족한 스승을 구
하려는 노력은 반드시 보답받을 것이다. 단지 지배하기를 좋아하는
인간의 권력욕으로서가 아니라, 의식적으로 진실한 동반자적 조언을

갈구해야 한다. 당신은 너무도 잘 알고 있을 것이다. 진실한 지자(知者)가 항상 가장 겸허한 사람이란 것을. 권력욕만큼 그와 인연이 먼 것이 없다는 것을.

명상을 통하여 영계와 인연을 맺은 사람은 태어나서 죽기까지의 시간만이 아니라, 영원히 존재하는 무엇을 자기 내부에서 체득하기 시작한다. 우리가 영원의 존재에 의혹의 눈을 돌리는 것은 그것을 체험하지 못했기 때문이다. 명상이란 자기존재의 영원불멸의 핵심을 인식하고 직관하기 위한 길이다. 명상을 통해서만이 이러한 직관을 가질 수 있다. 영학은 이 핵심의 영원불멸성과 윤회전생을 이야기하고 있다. 우리는 왜 삶과 죽음의 피안에 존재하는 체험들을 인식하지 못하는가, 라는 의문을 가진다. 그러나 이러한 의문은 오류이다. 오히려 이렇게 물어야 한다. 어떻게 그 체험들을 인식할 수 있는가, 하고. 명상만이 그 길을 열어줄 것이다. 명상을 통해서만, 삶과 죽음의 피안에 있는 체험들이 우리의 기억 속에 되살아난다. 어떤 사람도 그 기억을 불러낼 수 있다. 진실한 신비주의, 영학, 신지학, 그노시스가 가르치는 바처럼, 모든 사람에게 자신을 인식하고 직관하는 능력이 갖추어져 있다. 필요한 것은 올바른 수단을 선택하는 것뿐이다. 눈과 귀를 가진 사람만이 색깔과 소리를 지각한다. 사물을 비추는 빛이 없으면 눈은 아무것도 지각할 수 없다. 영학은 우리의 영이(靈耳)와 영안(靈眼)을 개발하여, 영적인 빛을 밝히는 방법을 가르쳐준다. 이러한 영적 인식의 수단은 3단계로 나누어진다. 1) 준비, 여기에서 영적 감각이 개발된다. 2) 깨달음, 영적인 빛이 밝혀진다. 3) 영계입문, 고차의 영적 존재와 친교를 맺는다.

영계입문의 3단계

올바르게 수행하면, 누구나 이 3단계의 명칭과 본질을 이해할 수 있을 뿐만 아니라, 어느 정도까지의 영계입문도 가능하다. 여기서는 이 세상에 공개할 수 있는 내용만이 서술될 것이다. 깊이 감추어져 있는 비밀 가운데서 추출된 내용을 소묘하는 데 지나지 않는다. 신비수행은 본래 완전히 규정된 수행과정을 지켜야 하는 것이다. 인간의 혼이 영계와 의식적으로 교류하기 위해서는, 특정한 실천적 수행의 프로세스가 필요하다. 여기에서 기술될 수행의 내용은 원래의 실천적 수행의 프로세스와는 비교할 수 없을 정도로 단순하고 간단한 것들이다. 그렇지만 여기에 제시된 내용을 진솔한 마음으로 지속적으로 지켜나간다면, 진실한 의미에서 신비수행에 그대로 이행되는 것이다. 진실한 마음과 지속적인 노력이 없는 성급한 수행은 어떤 성과도 가져다주지 않는다. 인내심을 가지고 여기에 제시된 것을 지키고, 그것을 기초로 해서 앞으로 나아갈 때만이, 수행은 결실을 맺을 것이다.

3단계는 다음과 같다. 1) 준비, 2) 깨달음, 3) 영계입문. 이 3단계를 순서를 밟으면서 나아갈 필요는 없다. 때로는 어떤 특정한 부분에 관해서는 비록 다른 영역이 아직 준비단계에 머물러 있다 하더라도, 깨달음과 영계입문의 경지가 달성될 수도 있다. 그렇지만 어떤 일정한 기간 동안, 깨달음의 단계에 들어가지 않고, 오로지 준비단계의 수행에 집중할 필요가 있다. 그리고 영계입문이 시작될 때는 적어도 약간의 사항에 관해서는 깨달음을 얻은 상태여야 한다. 여기서는 표현상의 편의에 따라, 3단계를 차례대로 기술하겠다.

1단계―준비

준비단계에서는 사고와 감정이 특별한 방법으로 육성된다. 이 육성을 통하여, 인간의 혼체(魂體)와 영체(靈體)에 고차적인 감각기능이나 활동기관이 주어진다. 그것은 대자연의 힘이 불특정한 유기물질로 구성된 육체에, 특정의 기능을 가진 기관들을 부여한 작업의 연속선상에 있는 것이다.

우선 우리들을 둘러싼 세계 속의 어떤 특정한 사물이나 현상에 주의력을 집중시킨다. 특정한 현상이란, 식물이 싹을 틔워 자라는 상(相)이며, 동시에 쇠퇴하고 사멸하는 상(相)이다. 생명현상이 존재하는 한, 어느 곳에서건 이 두 가지 양상이 함께 한다. 이 양상은 언제나 인간의 사고와 감정을 촉발하는 계기가 된다. 그러나 일상생활속의 우리들은, 이러한 감정과 사고의 작용에 충분한 주의를 기울이고 있지 않다. 너무도 많은 인상들이 번잡하게 나타났다가 사라져가

기 때문이다. 준비단계에서 우리는 완전히 의식적으로, 이 두 가지
생명의 상에 주의력을 집중시킨다. 어떤 식물이 자라서 꽃을 피우는
과정에 눈길을 던지면서 다른 모든 일들을 자신의 혼에서 배제하고,
짧은 시간 동안에, 오로지 그것만이 주는 인상에 몰두한다. 이전에
는 단지 희미하게 그의 혼을 스치고 지나갔을 어떤 감정이, 내부에
서 팽창하기 시작하여 강력한 형식을 만들어간다. 내면에서 일어나
는 이런 변화를 느낄 수 있으면, 이 감정형식이 조용히 내부로 울려
퍼지게 한다. 자신을 외계의 다른 인상들에서 격리시키고, 완전히 혼
자가 되어, 자라고 꽃피우는 모습을 보고 있는 자신의 혼이 속삭이
는 언어에 따른다. 이때 외계로 향한 자신의 감수성을 둔감하게 하
면, 한층 더 진전이 있으리란 생각은 잘못이다. 가능한 한 열심히 외
부의 사물을 관찰하는 것이 좋다. 그런 관찰을 통하여, 혼의 내부에
서 솟구치는 감정과 사고에 몰두한다. 완벽한 내적 평정을 유지한
채, 감정과 사고에 몰두하는 것이다. 내적 평정의 상태에서 솟아오
르는 그 무엇에 깊이 빠져드는 행을 계속하면, 어느 시점에서, 전혀
새로운 미지의 감정과 사고가 일어나는 것을 체험할 수 있다. 이렇
게 피어나는 것과 사멸하는 것에 주의력을 교차시키며 집중하는 행
을 거듭하면, 어떤 특정의 감정과 사고가 보다 선명하게 형성될 것
이다. 마치 자연력이 유기체를 소재로 하여 눈이나 귀와 같은 감각
기관을 형성하는 것처럼, 내면에 생성된 감정과 사고로부터 견령기
관(見靈器官)이 형성된다. 어떤 특정한 감정형식이 싹을 틔우고 자

라나는 과정에 결합되어 있고, 그것과는 또 다른 감정형식이 시들어 죽어가는 과정에 결합되어 있다. 여기에 기술된 방법 이외에, 이 두 가지 감정형식을 육성할 길은 없다. 감정형식을 이해하는 길은 자신의 체험밖에 없지만, 거칠게나마 여기서 그 형식을 설명해 보도록 하겠다. 싹을 틔우고 자라서 꽃피우는 과정을 거듭 관찰하면, 뜨는 해를 바라볼 때와 거의 비슷한 감정을 느낄 것이다. 그리고 시들어 죽어가는 과정에서는 지평선 위로 천천히 달이 떠오르는 듯한 느낌이 일어날 것이다. 이러한 느낌을 적절한 방법으로 육성하여 더 강렬하게 할 수 있다면, 더없이 중요한 영적 작용을 이끌어낼 수 있다. 지침에 따라 성실하게 이런 감정의 작용에 깊이 빠져드는 그에게 새로운 세계가 열릴 것이다. 혼계(魂界 : 아스트랄계)가 점차로 확실하게, 그의 눈앞에 모습을 드러낸다. 자라고 시들어가는 것이 더이상, 예전처럼 막연한 인상을 만들어내는 사실의 차원에 머무르지 않는다. 지금까지는 상상조차 할 수 없었던 영적인 선과 형상을 띠게 된다. 그리고 이 선과 형상은 관찰하는 대상의 상태에 따라 다른 모습을 띤다. 활짝 피어난 꽃은 우리의 혼 앞에 특정한 선을 그리며 나타난다. 성장기의 동물이나 메마른 나무도 거기에 걸맞은 특정한 선으로 나타난다. 아스트랄계가 우리의 혼 앞에 나타나는 것이다. 동일한 영적 발전단계에 있는 두 사람은, 같은 사물에 대해 동일한 선이나 형상을 볼 것이다. 정상의 시력을 가진 두 사람이 둥근 테이블을 바라보면서, 한 사람이 둥글다 하고 다른 한 사람이 사각형이라

하지 않는 것과 같은 정도로 확실하게, 활짝 피어난 꽃을 바라보는
두 사람의 혼 앞에는 늘 똑같은 영적 형상이 나타난다. 박물학자가
동식물의 형상을 정확히 기술하는 것처럼, 영학자 또한 자라나고 시
들어가는 과정을 나타내는 영적 형상을, 그 모습에 따라 정확히 기
술하고 묘사할 수 있다.

눈으로 볼 수 있는 생명현상의 영적인 형상을, 영안(靈眼)으로 볼
수 있는 데에까지 나아간 사람은, 그 물질적인 형태를 가지고 있지
않아서, 일상적인 시각에는 감추어져 있는 것도 볼 수 있는 단계에
거의 도달해 있다.

여기서 강조하고 싶은 것은, 영학을 배우는 자는 특정의 사상(事
象)이 무엇을 의미하는가 하는 의문에 탐닉해서는 안 된다는 것이
다. 이 같은 지적 작업은 길을 잃게 할 것이다. 건전한 감각과 예민
한 관찰력으로 감각세계에 뛰어들어 감정의 흐름에 그냥 자신을 맡
기면 된다. 사물이 무엇을 의미하는가를, 사변적인 오성의 힘으로 결
정하려 해서는 안 된다. 사물 스스로가 그것을 말하게 해야 한다.*

영학에는 고차적 제 세계에서의 위치확인이라 일컫는 것이 있다.
영계에서 자신이 나아가야 할 방위를 올바르게 정하기 위해서는, 감
각세계에서 책상이나 의자가 너무도 확실한 현실적인 존재인 것처

---

* 자신의 내면에 깊이 몰입하는 정관적 태도와 결합된 예술감각은 영적
능력을 발달시키는 최상의 전제이다. 예술감각은 사물의 표면을 꿰뚫고 심오한 비밀에
까지 이른다.

럼, 감각과 사고 또한 그만큼 명확한 현실성을 가지고 있다는 의식을 몸에 배게 하는 것이 좋다. 영과 혼의 세계에서 감정과 사고는 물질계의 감각적 사물과 마찬가지로 상호작용하고 있다. 이것을 명확히 이해하지 못하면, 사고의 공간 속에서 어떤 유해한 사고가 다른 사고들에게 마치 오발된 총탄처럼 파괴적으로 작용한다는 사실을 사람들은 도저히 믿을 수 없을 것이다. 그들은 눈에 보이는 현상계에서는 조심성없는 우행을 범하지 않을는지 모르지만, 잘못된 사고나 감정을 가지고서도 태연해할 것이다. 왜냐하면 그것이 눈에 보이는 세계에 아무런 해도 입히지 않기 때문이다. 이 땅을 걸을 때처럼 주의깊게 자신의 감정이나 사고를 배려하지 않으면, 수행에서 그는 아무것도 얻을 수 없다. 암벽에 부딪혔을 때, 벽을 뚫고 걸어가려는 사람은 없다. 물질계의 법칙을 따라 그는 돌아갈 것이다. 감정이나 사고의 세계에도 이러한 법칙이 존재한다. 그러나 이 법칙은 인간에게 외부적으로 작용해 오지 않는다. 자신의 혼, 그 자체의 운동 속에서 자연스럽게 흘러나와야 한다. 어떤 경우에도 잘못된 사고나 감정을 품지 않을 때, 그것이 가능하다. 제멋대로의 억측, 모든 허황한 공상, 일시적인 기분이나 감정들을 수행의 시간 속에서 억제해야 한다. 그것 때문에 감정이 빈곤해지는 법은 없다. 이렇게 내적인 세계를 올바르게 규제함으로써, 풍성한 정감과 진실로 창조적인 판타지가 깨어난다는 것을 느낄 수 있다. 지금까지 조잡한 감정에 탐닉하거나 허황한 논란을 일삼던 사람의 내면에 함축성 있는 감정과 생산적인 사고내용이 나타난다. 그리고 이러한 감정이나 사고가 영계에서 자기의 위치를 확인시켜 주는, 어떤 계기를 제공해 주는 것이다. 영계의 사상(事象)들과 타당한 관계를 맺을 수 있다. 완전히 특정한 어떤 작용이 그를 위해 나타난다. 육체적 존재로서 그는, 여태까지 현상계의 사물들과 올바른 관계를 맺어왔다. 지금 그는 생장과 사멸 사이를 꿰뚫으며 전진하고 있다. 이때 그는 일체의 생장하고 번영하는 것의 법칙뿐만 아니라, 일체의 쇠퇴하고 사멸하는 것의 법칙에도 따르게 된다. 그 자신과 이 세계의 진화를 위해서.

소리〔音〕의 세계 또한 행의 대상이다. 행을 할 때, 낙하하는 물체, 종, 악기와 같은 무생물에서 일어나는 소리와, 동물이나 인간이 발하는 생물의 소리〔聲〕를 구별해야 한다. 종이 울리는 소리가 들리면 상쾌한 기분을 느낀다. 동물이 울부짖는 소리를 들을 때는, 그 소리의 울림에서 야기되는 상쾌함 외에도 동물의 내적 고통과 쾌락을 감지한다. 음(音)의 행은 후자에서 시작하는 것이 좋다. 소리가 자신의 혼의 외부에 존재하는 무엇인가를 알려주고 있다는 데에 모든 주의를 집중한다. 그리고 그 자신과 다른 것 속으로 깊이 빠져든다. 그는 소리가 전하는 고통과 즐거움에 자신의 감정을 밀착시켜야 한다. 그리고 나에게, 이 소리는 무엇인가, 나에게 바람직한 소리인가, 마음에 드는가 안 드는가, 라는 관점을 넘어서야 한다. 소리를 발하는 존재 그 자체의 내부에서 일어나는 그 무엇만이, 그의 혼을 가득 채우는 단계에 이르러야 한다. 올바른 지침에 따라 소리의 행을 계속하

는 자는 소리를 발하는 존재의 내면과 융합하는 능력을 가지게 될
것이다. 소리의 행은 음악적인 감수성이 풍부할수록 한층 더 수월하
다. 그렇다고 해서 음악체험이 이 수행을 대신하지는 않는다. 이 길
을 걷는 자는 전 자연을 이러한 방식으로 느끼는 기술을 습득해야
한다. 그리고 이러한 행을 통하여, 감정과 사고의 세계 속에 하나의
새로운 가능성이 열린다. 자연은 그 울림을 통하여 비밀을 속삭인다.
지금까지 나의 혼에는 불가해한 울림이었던 것들이, 이때부터 자연
의 의미심장한 언어가 된다. 무생물이 발하는 단순한 잡음에 지나지
않았던 울림에서, 새로운 언어에 의한 혼의 대화가 들려온다. 이렇
게 자신의 감정을 길러갈 때, 드디어 지금까지는 상상조차 할 수 없
었던 것들을, 지금 그 자신이 듣고 있다는 것을 깨닫게 될 것이다.
그는 혼으로 듣기 시작한다.

  음의 행을 궁극적인 데까지 이끌기 위해서는, 다른 사항을 여기에
덧붙여야 한다. 이 길을 걷는 자에게, 다른 사람의 말을 경청하는 태
도는 무척 중요한 의미를 가진다. 이 수행은 자신의 내적 욕구를 완
벽하게 침묵시키는 습관을 필요로 한다. 누군가가 의견을 피력하고,
다른 한 사람이 귀를 기울일 때, 보통 후자의 마음속에는 찬성이나
반대의 반응이 나타나게 마련이다. 대부분의 사람은 금방 찬성이나
반대의 의견을 표현하고 싶어한다. 그러나 이 길을 걷는 자는 찬성
이나 반대 어느 쪽이든 침묵시켜야 한다. 그렇다고 해서 자신의 생
활태도를 일변시켜, 어디까지나 철저하게 침묵을 지켜야 한다는 얘

기는 아니다. 자기가 세운 계획에 따라, 선정된 개개의 경우에 이러
한 행을 실천하면 되는 것이다. 그러면 자연히 경청하는 태도가 습
관화된다. 수행은 이처럼 항상 예정된 계획에 따라 이루어진다. 일
정한 기간, 자신이 반대하는 사상에도 귀를 기울이고, 내면에서 일
어나는 일체의 찬성, 특히 부정적인 판단을 완전히 침묵시키는 행을
자신에게 부과한다. 일체의 합리적인 판단을 침묵시킬 뿐만 아니라,
거부나 반감, 또는 찬성의 기분까지도 침묵시킨다. 특히 의식의 표
면에 나타나지 않는, 혼이 저 깊은 바닥에 숨어 있는 감정의 움직임
을 주의깊게 관찰한다. 이를테면, 어떤 의미에서 자기보다 열등하다
고 생각되는 사람의 발언에 귀를 기울이면서, 모든 종류의 우월감이
나 아는 체하고 싶은 기분을 억제한다. 이러한 태도로 어린이와 마
주하는 것은 누구에게나 유익한 일이다. 어떤 현자도 어린이에게서
무한히 많은 것을 배울 수 있다. 이렇게 해서 그는 다른 사람의 말
을, 자신의 의견이나 느낌을 완전히 배제한 채 들을 수 있다. 자기와
는 정반대의 의견이 들려오고, "말도 안 되는 견해"가 버젓이 통용
될 때도, 몰비판적인 태도로 경청하는 수행을 쌓는 사람은 점차로
상대방의 본질적인 부분과 융합하고 동화할 수 있다. 상대의 말을
경청하는 행위를 통하여, 상대의 혼 속에 자기를 이입시킨다. 이러
한 수행을 쌓을 때 비로소, 소리는 영과 혼을 지각하기 위한 정당한
수단이 되는 것이다. 물론 더없이 엄격한 자기단련이 필요하다. 자
기단련만이 당신을 높은 목표로 이끈다. 이러한 행이 자연 음의 행

과 결합될 때, 혼의 내부에 새로운 청각이 생겨난다. 귀로는 들을 수 없고, 물질 음으로는 표현할 수 없는 영계의 소식이 "들리는" 것이다. "내적 언어"를 위한 지각능력이 눈을 뜨고, 영계는 끊임없이 진실을 쏟아낸다.* 모든 고차적인 진실은 이와 같은 "내적 대화"를 통해 획득된다. 그리고 진실한 의미에서, 이 길을 걸은 자의 입을 통해 들을 수 있는 것도, 그가 이러한 방식으로 체험한 내용이다. 그렇다고 해서 "내적인 대화"가 아직 이루어지지 않는다고, 이 길에 관한 저술을 읽을 필요가 없다는 것은 아니다. 그 반대이다. 영학자의 저술을 읽고 그의 가르침을 듣는 것은, 그 자체로 고차적 인식에 이르는 유효한 수단이 된다. 모든 영학적 명제는, 여기에 귀기울이며 진실한 자기 향상을 추구하는 사람들의 감각을, 도달해야만 할 방향으로 이끌어가는 힘을 가지고 있다. 때문에, 여기에 서술된 모든 수행에, 영학자들이 이 세상에 전한 사상 내용에 대한 정열적인 연구가 첨가되어야 한다. 모든 수행에서 이러한 연구들은 필요조건이다. 그리고 다른 모든 수단을 이미 동원했다 하더라도, 영학의 교의를 받아들이지 않는다면 결코 목표는 달성될 수 없다. 영학의 교의는 살아 있는 "내적 언어"의 "직접적인 대화"에서 퍼올린 것이기에, 그 자

* 개인적인 의견이나 감정을 드러내지 않고, 조용한 경청을 통하여 진실로 다른 사람의 말을 내면에 수용할 수 있는 사람만이, 영학이 말하는 고차적인 존재들과 대화를 할 수 있다. 주관적인 의견이나 감정을, 귀기울여 들어야 할 상대에게 투영하고 있는 동안, 영계의 존재들은 아무런 말도 걸어오지 않을 것이다.

체로 영적 생명을 가지고 있다. 이 교의는 단순한 언어가 아니다. 그
것은 살아 있는 힘이다. 그리고 당신이 스승의 이야기를 듣고, 깊은
내적 체험에서 생성된 그의 저술을 읽을 때, 마치 자연력이 유기적
인 소재로 당신의 눈과 귀를 형성하였듯이, 당신의 행위는 당신의
영안을 여는 힘이 되어 당신의 혼에 작용한다.

2단계—깨달음

깨달음은 매우 단순한 행을 통해 일어난다. 이 경우에도
각자의 내면에 잠들어 있는 감정과 사고를 각성시키고 육성하는 것
이 과제가 된다. 지속적인 인내력으로, 이 단순한 행을 성실하게 실
천하는 사람만이 내면에서 일어나는 빛을 지각할 수 있다. 처음에는
일정한 방법으로 다양한 자연현상을 관찰하는 것에서부터 시작한다.
이를테면 멋진 결정을 가진 투명한 돌(수정)을 들 수 있다. 우선 다
음과 같은 방법으로, 모든 주의력을 이 돌과 동물과의 비교에 집중
한다. 의식을 집중하여, 살아 있는 감정을 동반한 사고내용이 혼의
전 영역을 지배하게 한다. 다른 사고나 감정이 끼여들어 주의깊은
관찰이 흔들려서는 안 된다. 다음과 같은 말에 사고를 집중시킨다.
"돌에는 형태가 있다. 동물에도 형태가 있다. 돌은 조용히 자기 자
리에 머물러 있다. 동물은 이동한다. 동물이 자리를 옮기는 것은 충
동(욕망) 때문이다. 동물의 형태는 이러한 충동에 의해 형성된 것이
다. 그 신체적 기관들은 충동에 대응하여 존재한다. 여기에 반하여,

돌의 형태는 욕망에 따른 것이 아니다. 욕망을 갖지 않는 힘으로 형성되어 있다."*

이러한 사고내용에 몰두하면서 모든 주의력을 돌과 동물과의 비교에 집중할 때, 우리의 혼에는 두 가지 전혀 다른 감정이 일어난다. 관찰을 시작하고 바로 감정의 흐름이 생기진 않을 것이다. 끈질긴 인내심을 가지고 행을 하다 보면, 언젠가는 반드시 이러한 감정이 일어난다. 또 이러한 감정이 일어났다 하더라도, 처음에는 관찰하는 순간에 한정될지도 모른다. 그러나 이러한 감정이 우리의 혼에 영향을 주어 계속적으로 작용하게 된다. 그렇게 되면, 외적 대상을 매번 관찰하지 않아도, 그것에 관해 생각하는 것만으로도 이 두 가지 감정이 항상 솟아오를 것이다. 이 감정, 그리고 거기에 결합된 사고로부터 영적인 지각기관이 창조된다. 나아가 식물의 관찰을 덧붙이면, 식물에서 유래하는 감정이 그 성질이나 강도에서 볼 때, 돌과 동물에서 유래하는 감정의 중간지점에 위치한다는 것을 알 수 있다. 이렇게 형성된 기관을 영안이라 한다. 이 영안을 통해, 점차로 혼과 영의 색깔을 보게 된다. "준비단계"에서 제시된 행을 성취하는 것만으

---

* 여기 기술된 내용은 그것을 수정의 관법이라는 외적인(exoteric) 방법론으로 받아들인 독자들에게 곡해되어 왔다. "수정구의 영시(靈視)" 등의 방법이 고안된 것도 외적인 이해에 기초한 것이다. 이러한 관찰방식은 영적 사실에 대한 오해에서 비롯한다. 그러한 방법들이 많은 저술 속에 언급되어 있지만, 결코 그것은 진실한 의미에서 에소테릭(esoteric) 수행의 대상이 될 수 없다.

로는, 영계의 선이나 형상은 어두운 상태에 머물러 있다. "깨달음"을
통하여, 그 선과 형상이 밝아지는 것이다. 여기서 말하는 "어둡다",
"밝다"라는 말은, 다른 용어와 마찬가지로, 비유적으로 표현한 데에
지나지 않는다. 일상언어를 사용하는 이상, 더이상의 표현방법은 없
다. 언어는 물질적인 상황을 표현하기에 적합한 것이다. 영학은 견
령기관이 지각하는, 돌에서 흘러나오는 영적 색조를 청(靑) 또는 "푸
른 빛을 띤 빨강"이라 하고, 동물에서 감지되는 것을 적(赤) 또는
"붉은 빛을 띤 노랑"이라 한다. 영안에 비치는 것은 "영적" 색깔이
다. 식물에게서 감지하는 색은 "녹색"이지만, 그것은 점차 밝은 에테
르적인 장미색으로 이행한다. 자연현상 중에서도 특히 식물은, 고차
적 세계에서도 물질계에서의 특정한 성질을 그대로 나타낸다. 돌이
나 동물의 경우는 그러한 예가 없다. 여기서 서술된 것은 광물, 식
물, 동물의 단지 주요한 색채에 지나지 않는다는 것을 알아두자. 실
제로 영안에 비치는 것에는 모든 가능한 중간단계가 있다. 어떤 돌
이나 식물, 동물도 나름대로의 색채를 가지고 있다. 고차적 세계에
는 전혀 물질적인 형체를 가지지 않는 존재들이 있는데, 그들 중에
는 때때로 너무도 멋들어진 색깔을 나타내는 것도 있다. 그러나 추
악한 색이 나타나는 경우도 드물지 않다. 고차적 세계에서 보는 색
채는 물질계의 그것보다 무한히 다양하고 풍부하다.

  "영안(靈眼)"을 개발한 사람은 빠르건 늦건 한 번은 물질계에 현
상한 적이 없는 존재와 만나게 되는데, 그 존재는 인간보다 고차적

인 존재일 수도 있고, 저차원의 존재일 수도 있다.

이 단계에 도달한 사람에게는 더 많은 길이 열려 있다. 그러나 영학자가 언어나, 그 외 다른 표현방법을 통하여 전하는 가르침에 유의하지 않고, 무작정 전진하는 태도는 권장할 수 없다. 물론 이 이전의 단계에 속한 사람도, 항상 선인의 가르침에 귀를 기울여야 한다. 여기에 서술된 깨달음의 기본적인 제 단계에 상응하는 지점까지 도달할 수 있을 정도의 정신력과 지속력을 가진 사람은, 올바른 지침에 따르기만 한다면, 어떤 경우에도 반드시 고차의 인식을 얻을 수 있다.

그러나 어떤 경우에 있어서도, 우리는 신중해야 한다. 신중한 자세도 없이 이 길을 걸어서는 안 된다. 성급하게 성과를 얻으려는 욕망이 앞선 나머지, 이 길을 걷는 자로서 자각을 잊거나, 자신의 고귀한 품성, 선량함, 또는 물질적 현실감각의 한 조각이라도 수행의 과정에서 잃어서는 안 된다. 오히려 수행을 통하여, 자신의 도덕적 힘, 내적 성실, 관찰능력을 고양시켜야 한다. 기본적인 깨달음의 행을 실천하는 과정에서, 이웃이나 동물에 대한 동정심, 자연미에 대한 감수성을 끊임없이 고양시키려고 노력해야 한다. 이러한 의식적인 노력을 게을리할 때, 수행의 과정에서 우리는 동정심도 감수성도 상실해 버리고 만다. 심정은 돌처럼 굳어지고, 현실감각은 둔해진다. 이것이 위험한 결과를 초래하는 것이다.

수행자가 행의 과정에서 돌, 식물, 동물을 거쳐 인간으로 시선을 돌릴 때, 깨달음이란 어떤 모습으로 나타나는가, 깨달음을 얻은 후, 어떻게 혼과 영의 결합이 단 한 번에 가능해지는가, 그 결과 어떻게 영계입문의 길이 열리는가, 이제 이러한 문제들을 가능한 한 상세하게 다루어보다.

이 시대의 많은 사람들이 이 길을 추구하고 있다. 다양한 방법으로 이 길을 추구하면서, 사도(邪道)에 빠지고 말 위험하고, 회피되어야 할 방법마저 시도하고 있다. 이런 사정으로 볼 때, 이 길을 걸으면서 조금이라도 진실을 배웠다고 믿는 사람은 다른 사람에게도 진실한 수행에 대해 알 기회를 주어야 한다. 지금까지 서술한 내용은 이러한 기회를 주기 위한 것들이다. 잘못된 길의 선택이 재난을 초래하지 않게끔, 진실한 수행 방법이 공개되어야 한다. 여기에 제시된 길을 걸을 때, 무리를 하지 않는 한 누구도 유해한 영향을 받지 않는다. 무리하지 않는다는 점에서 단 한 가지 주의를 환기시킨다면, 자신의 생활환경이나 사회적 환경이 허락하는 이상의 시간과 정열을 수행을 위해 투입할 필요가 없다는 것이다. 어떤 사람도 수행 때문에 일시적이라도 자신의 사회적 환경을 변화시킬 필요는 없다. 진실한 성과를 얻기 위해서는 인내심을 가져야 한다. 시작한 지 몇 분이 지나지 않아서도 언제든지 행을 중단하고, 조용히 일상에 몰두할 수 있어야 한다. 그리고 행의 사고내용이 조금이라도 일상의 일 속에 뒤섞여들게 해서는 안 된다. 최상의 의미에서 기다림을 배운 사람만이 이 길을 걸을 수 있다. 그렇지 않으면, 이 길을 걷는다 하더라도 결코 좋은 성과를 얻을 수 없을 것이다.

깨달음의 단계에서 사고와 감정의 제어

이 길을 걸어가는 사람은 수행중 자신을 강화시키는 하나의 유효한 사고방식을 간직해야 한다. 수행중에 예상한 진보가 나타나지 않는다 하더라도 초조해하지 말 일이다. 어느 날 갑자기, 자신이 큰 진전을 이룩했다는 것을 느끼게 된다는 것을 염두에 두자. 이것을 망각하면, 인내심을 잃고 모든 시도를 포기해 버리기도 한다. 깨어나기 시작한 능력들은 매우 미묘한 양상을 띠고 있다. 지금까지 경험한 사물이나 현상들과는 전혀 다른 성질을 가지고 있다. 우리는 오로지 물질적 환경 속에서만 살아왔다. 영이나 혼의 세계는 우리의 시계 밖에 존재하고, 개념으로 파악할 수 없었다. 때문에 자신의 내면에서 영적, 혼적 능력들이 눈뜰 때, 그것을 느끼지 못한다고 해서 이상할 건 없다. 이런 점에서 앞서 이 길을 걸은 자의 귀중한 체험을 고려하지 않은 채, 인식의 작은 길을 걸어가는 사람은 미궁에 빠지기 쉽다. 스승은 제자가 자신의 변화를 의식하기 훨씬 전부터, 제자의 진보를 느끼고 있다. 그는 제자가 스스로 의식하기 전에, 어떻게 그 미묘한 영적 눈이 형성되어 가고 있는가를, 자신의 경험을 통하여 알고 있는 것이다. 그러므로 영학자의 지도 내용은 대부분 수행하는 제자가 스스로의 진보를 느끼기도 전에, 신뢰와 참을성과 지속력을 잃지 않게 하려는 것이다. 영학의 스승이라 하더라도, 결코,

제자 자신이 잠재적으로 보유하고 있지 않은 어떤 것을 줄 수는 없다. 단지 잠들어 있는 능력을 개발하기 위한 지침을 부여할 수 있을 따름이다. 그러나 어둠에서 빛으로 나아가려는 사람에게 스승의 경험과 그 가르침은 늘 큰 버팀목이 되어준다.

많은 사람들이 인식의 작은 길을 걷기 시작한 지 얼마 되지도 않아 금방 포기해 버린다. 그것은 그 자신이 진보의 흔적을 느끼지 못하기 때문이다. 배우는 자는 지금 열리고 있는 초감각적 경험을 단순한 환각과 구별하지 못한다. 왜냐하면, 그는 영적 체험에 대해 잘못된 상상을 하고 있기 때문이다. 수행자는 최초의 경험이 너무도 사소한 것이기에 무가치한 것으로 생각하고, 그것이 가까운 장래에 어떤 특별한 영적 체험을 자신에게 이끌어주는 무엇이라고 믿을 수 없기 때문에, 행을 계속할 용기와 자신감을 잃어버리고 만다. 그러나 용기와 자신감이란, 이 길을 걸어가는 과정에서 결코 잃어서는 안 될 두 개의 빛이다. 적극적인 자세로 참을성있게 실천하지 않으면, 아무것도 이룰 수 없다.

진보가 확실하게 느껴지기 이전에, 자신이 올바른 길을 걸어가고 있는 것 같다는 막연한 감정이 일어난다. 이 감정을 소중히 길러야 한다. 왜냐하면 이 감정만이 확실한 안내자이기 때문이다. 고차의 인식으로 이끌어주는 그 무엇이, 전혀 특수하고 은밀한 프로세스라는 신앙은 버려야 한다. 우리들 가까이 있는 감정과 생각하는 마음의 작용에서 시작해야 한다는 사실을 알아두자. 단지, 평소와는 다른 방향으로 감정과 사고를 움직여야 한다는 것뿐이다. 이렇게 생각하라. "나의 감각과 사고에는 최고의 비밀이 감추어져 있다."

결국 모든 행은 다음과 같은 사실에 기초하고 있다—인간은 몸과 혼(魂)과 영(靈)의 존재로서 살아가고 있다. 그러나 우리가 확실히 의식할 수 있는 것은 몸뿐이다. 이 길을 걷는 자는 보통 우리가 몸을 의식하는 것과 같은 정도로 명료하게, 혼이나 영을 의식화할 수 있도록 노력해야 한다.

그러므로 감정과 사고를 올바르게 이끌어가는 것이 중요한 과제이다. 그것을 통하여 일상적으로는 지각할 수 없는 것을 지각하는 능력이 개발되는 것이다. 어떻게 이것이 가능한지, 여기서 한 가지 구체적인 길을 제시하겠다. 이 길은 지금까지 제시된 다른 것과 마찬가지로 결코 복잡한 것이 아니다. 외경심을 가지고 성실하게 이 길을 걸을 때, 풍성한 결실을 맺을 수 있을 것이다. 식물의 씨앗 하나를 눈앞에 둔다. 이 작은 씨앗을 바라보면서 의식을 집중하여, 육안에 비치는 그 씨앗의 형상이나 색깔, 그리고 특징들을 숙지한 후, 다음과 같이 생각해 본다. 이 씨앗이 땅에 뿌려지면, 거기에서 복잡한 형태를 띤 식물이 자라날 것이다. 수행자는 땅 위에 나타난 식물의 모습을 생생하게 의식 위에 떠올린다. 상상력으로 그 식물의 모습을 떠올리는 것이다. 그리고 다음과 같이 생각한다. 지금 내가 상상력으로 창조한 이 식물의 모습을, 미래에 대지와 태양의 힘이 이 씨앗에서 이끌어내어, 나타나게 할 것이다. 만일 이 씨앗이 모조품이라면, 대지와 태양은 여기에서 어떤 식물도 만들어내지 못할 것이다. 이러한 사고내용을 가능한 한 명확히 하여 생생하게 체험할 수 있을 때, 다음과 같은 사고내용도 거기에 적합한 감정과 함께 체험할 수 있게 될 것이다.

씨앗 속에는 미래에 거기에서 싹을 틔우고 나올 식물 전체의 힘이 깃들여 있다. 인공적인 모조품에는 그러한 힘이 없다. 그럼에도 불구하고 나의 눈에는 둘 다 똑같아 보인다. 따라서 진짜 씨앗 속에는 모조품 속에는 존재하지 않는, 눈에 보이지 않는 무엇인가가 감추어져 있다.

여기서 수행자는 이러한 비가시적인 것에 사고와 감정 전부를 집중해야 한다.* 씨앗 속의 비가시적인 것이 눈에 보이는 식물로 변화한다. 수행을 쌓은 이후, 우리는 씨앗에서 가시화된 그 식물의 색깔이나 형태를 볼 수 있을 것이다. 눈에 보이지 않는 것이 보이는 것이다. 만일 나에게 생각하는 능력이 없었더라면, 미래에 나타날 식물의 색깔이나 형태를 지금 내 마음속에 떠올릴 수 없을 것이다. 이렇게 사고와 감정을 집중하는 것이다.

이때 중요한 것은 사고의 내용을 감정의 내용으로 삼는 것이다. 잡념을 버리고, 하나의 사고내용만을 집중적으로 체험한다. 그리고 이

---

* 현미경을 사용하면 진짜와 가짜를 구분할 수 있다고 반론하는 사람은 무엇이 문제인지 모르고 있다. 우리들의 과제는 감각을 작용시켜 무엇인가를 정확히 관찰하는 데에 있는 것이 아니라, 어떻게 영적이며 혼적인 힘을 개발할 것인가에 있다.

체험을 통하여, 시간이 흐름에 따라 사고와 감정이 혼의 깊이까지
꿰뚫어가게 한다. 올바른 방법으로 사고와 감정의 행을 무수히 반복
하면, 자신의 내부에서 하나의 힘을 느낄 것이다. 그리고 그 힘으로
인해, 새로운 종류의 직관이 생겨날 것이다. 그 결과, 눈앞의 씨앗은
조그만 빛의 구름에 감싸여 있는 듯이 보인다. 이 감각적＝영적 직
관에 의해, 씨앗은 일종의 불꽃으로 지각된다. 불꽃의 중심부에서 라
일락색(등나무꽃 색)의 인상과 유사한 무엇이 느껴지고, 그 주변부
에서 엷은 청색을 볼 때와 같은 느낌이 전해져 온다. 여태까지 보이
지 않았던 것이 자신의 내면에 불러일으킨 사고와 감정의 힘에 의해
나타나는 것이다. 감각으로는 볼 수 없는 것이, 즉, 싹을 틔워 자라
난 후에야 나타날 식물의 색깔이나 형태가 영적인 눈앞에 나타난다.
　대부분의 사람들에게는 환상에 지나지 않는 말일 것이다. "환상이
란 나에게 아무런 의미도 없다"라고 말할 것이다. 인식의 작은 길에
서 이 난관에 부딪혀 수행의 길을 포기하는 사람도 많을 것이다. 그
러나 이 난관 속에서 환상과 영적 현실을 혼동하지 않는 것은 결정
적인 의미를 가진다. 겁을 먹거나 무기력에 빠지지 말고, 단호하게
정진하는 용기가 무엇보다 중요하다. 그 때문에 진위를 가리는 건전
한 감각을 길러둘 필요가 있다. 수행중이라 하더라도, 자신을 완전
히 의식적으로 지배하면서, 일상사를 대할 때처럼 확실하게 자신의
체험에 대하여 사고력을 행사해야 한다. 몽상에 빠져서는 길을 잃고
만다. 차갑게 깨어 있을 필요는 없지만, 어떤 때에도 밝은 지성을 유

지하도록 한다. 가장 커다란 오류는 수행 때문에 균형을 잃어, 일상
사에 대한 건전하고 명확한 판단력을 상실하는 것이다. 이 길을 걷
는 자는 거듭, 자신이 균형을 유지하고 있는가, 건전한 일상생활을
영위하고 있는가를 스스로에게 물어야 한다. 무엇에도 흔들리지 않
는 부동심, 무엇에도 흐려지지 않는 감각을 유지해야 한다. 제멋대
로 몽상에 탐닉하거나, 닥치는 대로 모든 종류의 행법에 손을 뻗치
지 않도록 주의할 일이다. 본서에 전하는 행법은 태고적부터 이 길
을 걷는 자들이 음미하고 몸에 익혀온 것들이다. 그것만을 다루고
있다. 제멋대로 고안해내고, 여기저기서 주워들은 행법을 응용하는
것은 옆길로 새어나가, 끝없는 환상의 길을 헤매게 만든다.

위에서 말한 행법은 활짝 피어난 꽃을 눈앞에 두고 이 꽃도 언젠
가는 메말라 죽음에 이를 것이다, 라는 또 하나의 사고와 감정에 결
합되어 이어져 나간다. 지금 내 눈앞의 식물은 하나 남김없이 사라
져갈 것이다. 그러나 해가 바뀌면 새로운 생명의 싹을 틔울 씨앗을
준비해 두고 있음에 틀림없다. 다시 한 번 나는, 지금 내가 보고 있
는 것 속에서 눈에 보이지 않는 무엇인가가 내밀하게 작용하고 있다
는 것을 느낀다. 여기에서 다음과 같은 생각에 몰두한다. 아름답게
물들어 있는 이 식물도 잠시 후면 사라져갈 것이다. 그러나 하나의
씨앗에 의해, 그것이 무로 화하지 않는다는 것을 나는 잘 알고 있다.
그러나 식물을 무(無)라는 소멸로부터 지켜주는 것을 눈으로 볼 수
는 없다. 마치 씨앗 속에서 지금 꽃피어난 이 식물의 모습을 볼 수

없었던 것과 마찬가지로. 그렇기 때문에 식물 속에는 내가 이 눈으로 볼 수 없는 무엇인가가 존재하고 있는 것이다.

이러한 사고내용을 나의 내면에 활성화하여 거기에 적합한 감정을 결합시킬 때, 얼마가 지나면 나의 혼에 하나의 힘이 자라나게 된다. 이 힘이 새로운 직관이 된다. 다시 한 번 식물에서 일종의 영적인 불꽃이 나타나는 것이다. 이때의 불꽃은 앞에서 말한 불꽃보다 더한 퍼짐성을 가진다. 이 불꽃의 한복판에는 녹색을 띤 청색이, 그 주변부에는 노란색을 띤 빨강이 감지된다.

여기서 말하는 "색"이란 육안으로 바라보는 색과 동일한 의미가 아니다. 육안이 수용하는 색의 인상과 유사한 무엇이 영적인 지각을 통하여 감지되기 때문에 "색"이라고 부르는 것뿐이다. 육안이 청색을 지각할 때의 체험내용과 질적으로 비슷한 그 무엇을, 영계의 "청색"을 통하여 영적으로 체험하는 것이다. 진실한 마음으로 영적 인식을 지향하는 사람은 이 점에 유의해야 한다. 그렇지 않으면, 영적인 것에서 물질적인 체험을 반복하는 데에 그치고 만다. 이것은 우리의 길을 엉뚱한 방향으로 벗어나게 할 것이다.

"색"을 영적으로 보는 데까지 이른 사람은 커다란 진전을 이룩한 셈이다. 왜냐하면 사물이 그에게 현존재의 모습뿐만 아니라, 생성과 소멸의 모습까지 보여주기 때문이다. 그는 모든 것에서 육안이 감지할 수 없는 영의 작용을 볼 수 있다. 그와 동시에 출생과 죽음의 비밀을 이해할 수 있는 첫걸음을 내디딘 것이다. 존재란 출생과 더불어 이 세상에 나타나 죽음으로 소멸한다는 외적 관점은, 우리가 영적인 존재의 실상을 인식하지 못한 한에서 진실이다. 영적인 관점에서 출생과 죽음이란, 존재의 하나의 변화하는 모습에 지나지 않는다. 꽃봉오리가 활짝 피어난 꽃으로 바뀌는 것이 우리들의 외적 감각에 연출되는 하나의 변화에 지나지 않는 것과 같은 의미에서 그렇다. 이러한 영적 실상을 자신의 직관으로 파악하고 싶다면, 자신의 영안을 각성시킬 일이다.

여기서 어느 정도의 혼적 체험을 가진 사람의 비난—즉, 위에서 말한 행법을 모두 거치지 않더라도 출생과 죽음의 비밀을 인식할 수 있다는 너무도 타당한—에 대답하지 않으면 안 된다. 물론 보다 간단하고 쉬운 길이 있다. 조그만 자극으로도 각성될 수 있는 뛰어난 혼의 소질을 가진 사람도 있을 것이다. 그건 매우 예외적인 경우일 뿐이다. 그러나 여기서 제시되는 길은 보편적이며 확실한 길이다. 이를테면, 우연히 생활 속에서 화학의 지식을 획득할 수 있다. 그러나 화학자가 되기 위해서는 보편적이고 확실한 길을 걸어야 한다.

보다 쉽게 목표를 달성하기 위하여, 위에서 말한 씨앗이나 식물을 단지 마음속에 그려두고 상상 속에 그 영상을 획득하는 데에 그친다면, 그는 오류를 범하고 있는 셈이다. 이것도 하나의 목표 달성이라고 할 수 있겠지만 그것은 확실한 길이 아니다. 그러한 직관은 대부분 상상력이 생산한 주관적인 환영에 지나지 않는다. 상상력에 의한 직관에 객관적인 내용을 부여하기 위해서는 그 직관을 다시 한 번 영적 직관으로 전환시키는 작업이 필요하다. 자의적으로 생산된 주관적인 직관이 아니라, 객관적 현실이 나의 내부에서 새로운 직관을 창조하는 것이 문제이다. 그 자신의 혼의 깊이에서 진리가 솟아올라야 한다. 그러나 진리를 불러내는 그 마술사가 일상적인 자아여서는 안 된다. 내가 직관하려 하는 영적 실상으로서의 객관적 존재만이 진리를 불러내는 마술사일 수 있다.

이러한 종류의 수행을 통하여, 자신의 내면 속에 영을 바라볼 수 있는 자그마한 능력이 싹트고 있음을 체험한 사람만이 인간의 관찰로 나아갈 수 있도록 허락받는다. 이때는 인생의 단순한 상(相)을 선택하는 것이 좋다. 그러나 관찰에 들어가기에 앞서, 수행자는 스스로의 도덕적 성격의 순화에 노력하여야 하며, 행을 통해 얻은 인식을 개인적인 이익을 위해 이용할 생각은 추호도 해서는 안 된다. 그 인식이 사람들과의 관계 속에서 권력이 될 수 있다 하더라도, 결코 그것을 권력으로 사용해서는 안 된다. 바꾸어 말해, 인간존재의 비밀을 직관으로 인식하고자 하는 사람은 진실한 의미에서의 영학의 황금률에 따라야 한다. 그 황금률은 다음과 같은 말로 표현된다.

"영학적 진리를 향한 너의 인식을 한 걸음 전진시키려면, 선을 지향하는 너의 마음을 세 걸음 전진시켜야 한다."

이 계율에 따르는 자만이 앞으로 이하 수행을 허락받을 수 있다.

자신의 경험 속에서 무엇인가를 갈구하고 있는 사람의 모습을 마음속에 떠올린다. 이 사람의 욕구에 주의를 기울인다. 펄펄 살아뛰

는 듯한 그 사람의 욕구가 지금 달성될 듯 안 될 듯한 그런 순간을
떠올리는 것이 가장 좋다. 그런 순간적 영상에 완벽하게 몰입할 수
있도록, 가능한 최대의 내적 평정을 자신의 혼 속에 확보한다. 그리
고 주위의 자극을 완전히 배제한 채, 집중적인 표상작용을 통하여
하나의 감정을, 마치 아무것도 없는 수평선 위로 뭉게구름이 솟아오
르는 듯이, 그렇게 혼 속에 떠올린다. 이와 같은 혼의 상태에서, 어
떤 한 사람을 장시간 동안 충분히 관찰할 수 없어서 명상을 중단하
는 경우가 보통이다. 아마도 몇백 번이고 이러한 허무한 시도를 계
속해야 할 것이다. 그러나 인내를 잃어서는 안 된다. 수많은 노력 이
후, 관찰된 그 어떤 사람의 혼의 상태에 상응하는 감정이 자신의 혼
속에 체험된다. 시간이 흐름에 따라, 자신의 혼 속의 이러한 감정을
통하여 하나의 힘이 생겨난다. 이윽고 그 힘이 다른 사람의 혼의 상
태를 영적으로 직관하는 힘이라는 사실을 알게 된다. 시계 속에 무
엇인가가 빛을 발하면서 나타나는 것이다. 이 빛나는 것이, 관찰된
혼이 영위하는 욕구의 아스트랄적인 모습이다. 이 모습은 불꽃처럼
느껴진다. 중심은 노란 빛을 띤 빨강, 주변은 붉은 빛을 띤 청색, 또
는 엷은 보라색처럼 느껴진다. 이러한 영적 직관이 처음 느껴졌을
때, 세심한 주의를 기울여 그것과 마주해야 한다. 가장 중요한 것은
그것을 스승—그런 사람이 자기에게 있다면—이외의 누구에게도 발
설하지 않는 것이다. 이 미묘한 체험을 부주의한 말로 드러냄으로써,
대체로 형언할 수 없는 잘못을 저지르기 마련이다. 부적절하고 조잡

한 표현으로 자신의 체험내용을 언어화하려는 시도 속에서 진실한 직관 속에 공상과 환상을 뒤섞으려는 유혹에 빠져버리고 만다. "너의 영적 체험에 대해 침묵하는 것을 배우라." 이것이 이 길을 가는 자의 철칙이다. 그뿐 아니라, 자기 자신에 대해서도 침묵하지 않으면 안 된다. 영적인 눈으로 본 것을 함부로 언어로 표현하거나 미숙한 판단력으로 억측하지 않고, 무연한 태도로 영적 직관에 몰두한다. 이런저런 생각으로 마음을 흐트러지게 하지 말 일이다. 왜냐하면 당신의 현재의 사고력으로 당신의 직관을 소화할 수 없기 때문에. 당신의 사고력은 물질적 감각적 세계 속에서 살아온 지금까지의 생활에서 형성된 것이다. 지금 당신이 직관한 것은 이 세상을 초월해 있다. 체험의 새로운 높이를 옛 척도로 재려 하지 말라. 내적 체험의 관찰을 충분히 쌓은 다음에야, 주위 사람들에게 적절한 언어로 표현할 수 있는 것이다.

이 행은 또 하나의 행으로 보충된다. 같은 방법으로, 누군가가 어떤 바람의 충족, 기대의 실현을 어떻게 달성할 수 있었는가를 관찰한다. 이때에도 전술한 규칙과 주의를 지킴으로 해서 영적 직관에 도달한다. 중심은 노랗고, 주변은 초록으로 물든 영적인 불꽃이 형성되는 것을 알 수 있다.

주위의 인간을 이 같은 영적 직관으로 관찰할 수 있는 단계에 이르면, 도덕적인 과실을 범하는 데에 어떤 부담도 가지지 않게 된다. 쉽게 박정한 인간이 될 수 있다. 따라서 그렇게 되지 않기 위해서 가능한 모든 수단을 통하여 노력해야 한다. 영시능력(靈視能力)을 얻은 사람은 사고내용이 바로 현실적인 힘이라는 확신을 가져야 할 것이다. 주위사람들을 생각할 때, 이미 인간의 존엄이나 자유를 가로막는 사고방식은 허락되지 않는다. 한 사람을 단순한 관찰대상에 지나지 않는 것으로 생각하는 행위는 단 한순간도 허락되지 않는다. 인간본성에 관한 어떠한 영시적 관찰에도, 자기를 긍정하려는 모든 인간적 의지를 무제한적으로 평가하고, 이 의지를 인간에 내재하는 성스러운 것으로, 타인이 범할 수 없는 무엇으로—자신의 사고뿐만 아니라, 감정의 차원에서도—인정할 수 있도록 자신을 교육시키는 노력이 따라야 한다. 모든 인간적인 것—그것이 기억 속의 일이라 하더라도—에 대한 외경심과 부끄러움의 감정이 우리들의 내면을 가득 채우게 해야 한다.

깨달음이 어떻게 인간본성을 영시하는 데까지 우리를 이끌어가는지에 대해, 두 가지 예로 설명하였다. 이것으로 적어도 이 단계에서 우리들이 걸어야 할 길의 방향이 명시되었으리라 생각한다. 영시에 필요한 내적 평정을 획득한 사람은 그것만으로도 이미 혼의 큰 변화를 경험할 것이다. 나아가 혼이 경험하는 내적인 풍요로움에 의해 그의 외적 태도에도 확실성과 안정감이 나타나며, 이러한 외적 변화가 다시 그의 혼에 영향을 끼치게 될 것이다. 그 자신이 스스로에게 영향을 끼치면서, 점점 깊이, 우리들의 외적 감각에 숨겨져 있는 인간본성의 비밀에 빛을 비추는 수단과 방법을 발견해 나가는 것이다.

그리고 드디어, 우주의 모든 존재와 인간본성과의 비밀스런 관계를 통찰하기에 이를 것이다. 이제 그는 거의 영계입문의 첫걸음을 내딛는 시점에 도달해 있다. 그러나 영계입문 이전에 또 하나의 필요한 과제가 남아 있다. 이 길을 걷는 사람이 처음에는 전혀 그 중요성을 느끼지 않는 그런 사소한 것이다. 그 중요성은 후에 가서야 명확해진다.

그것은 적절한 용기와 대담성이다. 영계입문에 반드시 필요한 인간의 두 가지 덕성이다. 이 길을 걷는 자는 이 두 가지 덕성을 발달시킬 수 있는 기회를 모든 경우에서 찾아야 한다. 행을 통해서도 의도적으로 그 덕성을 키워야 하지만, 인생 그 자체가, 특히 이 점에 있어서 뛰어난, 아마도 최상의 도량이 되어줄 것이다. 위험을 평정한 눈으로 직시하고 기꺼이 곤경을 헤쳐나가려는 태도를 몸에 지녀야 한다. 이를테면 어떤 위험에 직면했을 때, 금방 다음과 같이 느낄 수 있도록 노력할 일이다.

내가 지금 불안을 느낀다고 해서 상황이 좋아지는 건 아니다. 불안을 느끼지 말자. 무엇을 해야 할 것인지 생각하자.

그렇게 하여 이 길을 걷는 자는, 과거였다면 불안을 느꼈을 터인 그런 경우에 직면해도, 적어도 내적인 감정에 있어서는 "불안이나 무기력에 빠지는 일"이 불가능한 경지에 도달해 있어야 한다. 이 방향으로 자신을 교육함으로써 고차의 비밀에 입문하는 데 필요한 특정한 힘을 개발할 수 있다. 육체가 감각을 작용시키는 데 신경의 기

능을 필요로 하듯이, 혼은 용기와 대담성에 의해서만 생산되는 힘을
필요로 한다. 고차의 비밀은 통상적 감각에 대해 베일에 싸여 있다.
따라서 감각으로 고차의 진실을 볼 수는 없다. 그러나 감각은 진실
로 그것 때문에 인간에게 은혜로운 것이다. 왜냐하면 그것 때문에
준비가 없는 인간으로서는 도저히 바라볼 수 없고, 보면 큰 충격을
받게 될 광경이 숨겨질 수 있었기 때문이다. 그러나 이 길을 걷는 자
는 그런 광경에도 겁을 먹어서는 안 된다. 미망(迷妄)의 감각에 의
한 세계인식이 모든 것이라고 믿고 있는 한, 외계는 잘 정돈된 하나
의 질서체이다. 그러나 그것이 무너져 버렸을 때, 그것은 오랫동안
위험에 직면해 있었으나 그것을 모르고 있었던 사람이 갑자기 그 위
험을 느끼는 것과 다름없다. 지금까지는 전혀 불안을 느끼지 않았다.
그러나 주위상황에 눈을 뜬 지금, 새삼스러운 위험이 없다 하더라도,
바닥 모를 불안이 그를 덮치는 것이다.

　우주의 힘은 파괴적이면서 동시에 건설적이다. 모든 외계의 사물
은 생성하여 사멸한다. 사물의 이 운명, 우주의 이 작용을 이해하지
않으면 안 된다. 일상적인 생활을 위하여 시계(視界)를 덮고 있던 베
일은 벗겨져야 한다. 인간 또한 이러한 운명과 힘에 포함되어 있다.
그 자신의 본성 속에 파괴와 건설의 힘이 공존하고 있다. 영시능력
을 획득한 사람의 눈앞에 사물들은 그 본성을 드러내며, 동시에 그
자신의 혼도 스스로의 본성을 숨김없이 드러낸다. 이러한 자기인식
에 직면하여 신비학도가 힘을 잃지 않기 위해서는, 미리 과잉될 정

도의 용기를 축적해 두어야 한다. 그러기에 설령 곤란한 생활상황에 놓여 있다 하더라도, 부동의 내적 평정을 유지해야 한다. 그리고 선한 힘을 신뢰하는 것, 그것을 인생에서 배워야 한다. 지금까지 그를 이끌어주었던 그 모든 동기들이 이미 아무런 쓸모가 없다는 각오를 굳혀두어야 한다. 새삼 그는 느낀다. 여태 무지에 사로잡혀 그렇게 사고하고 그렇게 행동했다는 것을. 모든 근거가 단 한 번에 사라진다. 그가 행했던 많은 것은 허영심의 발로였다. 그런 허영이란 그 얼마나 무가치한 것인지, 그는 새삼 깨닫는다. 그는 많은 것을 탐욕 때문에 행했다. 탐욕이 얼마나 유해한 것인지, 그는 지금 이해하고 있다. 지금부터 그는 사고하고 행위하기 위해 완전히 새로운 동기를 스스로에게 부여한다. 바로 그것을 위해, 용기와 대담성이 필요한 것이다.

특히, 사상생활의 가장 깊은 부분에 용기와 대담성이 필요하다. 그리고 실패를 두려워해서는 안 된다.

"또 실패해 버렸다. 그러나 잊어버리자. 아무 일도 없었던 것처럼 새롭게 시작하지 뭐."

신비학도는 늘 이렇게 생각할 수 있어야 한다. 그렇게 하여 이 세계에서 퍼올릴 수 있는 힘의 원천이란 결코 고갈되는 법이 없다는 확신에 도달한다. 이 세상에서 아무리 힘을 잃고 약해진다 하더라도, 그는 몇 번이고 자신을 지탱해 주고 고양시켜주는 영적인 것을 구하며 싸워간다. 그는 어떤 상황 속에서도 미래를 향해 살아갈 수 있다.

과거의 어떤 경험도 미래를 살아가는 장벽이 되지 못한다.

이와 같은 내용을 어느 정도까지 몸에 익혔을 때, 고차적 인식의 핵심인 사물의 진실한 이름을 알 수 있는 준비가 된 셈이다. 이 세계의 사물의 이름을, 그것의 신적 창조자의 정신에 따라 이름짓기를 배우는 데 영계입문의 본질이 있다. 이름 속에는 사물의 본질이 감추어져 있다. 그렇기에 영계에 입문한 사람들은 특수한 언어로 말한다. 그들은 만물창조의 유래를 나타내는 명칭들을 알고 있다. 다음 장에서는 영계입문(initiation)에 대하여 자세하게 기술할 생각이다.

영계입문

수행에서, 일반적으로 이해 가능한 언어로 암시할 수 있는 최고의 단계가 영계입문이라 할 수 있다. 이 단계보다도 고차의 수행이 되면 어떤 기술로도 이해하기 힘들다. 그렇지만 준비, 깨달음, 영계입문의 과정에서 비밀내용을 인식하는 데까지 도달한 사람에게는 어떠한 수행의 길도 열려 있다.

영계에 입문한 사람에게 전수된 지식과 능력은 그 수행이 이루어지지 않았더라면 몇 번이고 윤회전생을 거듭한 먼 미래에, 전혀 다른 방법과 형식을 통하여 획득될 것들이다. 지금 입문을 허락받은 사람은 먼 미래에 전혀 다른 상황 속에서 경험할 터인 그런 일들을, 이 세상에서 경험하는 것이다.

사람은 그 자신의 성숙도에 걸맞은 만큼만 존재의 비밀을 경험한다. 그리고 지식과 능력을 고차적 단계로 끌어올리려는 사람은 그런 성숙을 촉진하는 걸림돌에 늘 직면하게 된다. 충분히 훈련받지 않은 사람이 오발사고를 일으키지 않게 하기 위한 걸림돌이다. 만약 누군가가 지금 영계입문을 허락받았다면, 그는 윤회전생을 통하여, 비밀스런 가르침을 배우기에 적합한 수준까지 진화하면서 경험해야 할 것들을 건너뛰는 셈이다.

영계입문의 문전에서, 그와 같은 미래의 경험들을 다른 방법으로 보상해야 한다. 그러기에 영계입문을 지향하는 자의 최초의 과제는 어떻게 미래의 경험들을 보상할 것인가이다.

"시련(試鍊)"이 바로 그것이다. 지원자는 이 시련을 통과해야 한다. 그것은 여기에 기술된 수행방법을 올바르게 행한 자에게 당연한 결과로서 나타난다. 가끔 다른 저술 속에서도 "시련"에 관한 기술을 볼 수 있다. 그러나 그리 올바르게 설명되어 있는 것 같지는 않다. 준비와 깨달음의 단계를 거치지 않으면 결코 시련을 경험할 수 없는데, 그 저자 자신에게 그러한 수행의 경험이 없기에 그 기술들이 구체적인 데까지 미치지 못하고 있다.

"시련"을 거치기 위해서는 반드시 고차의 세계에 속하는 사상(事象)들이 체험되어 있어야 한다. 그러나 그가 그것을 보고들을 수 있으려면 "준비"와 "깨달음"을 기술할 때 접했던 형태, 색깔, 소리 등의 영적 지각내용을 감지할 수 있어야 한다.

제1의 "시련"은 무생물, 식물, 동물, 인간의 몸적 특질에 대하여 일

반인보다 훨씬 진실한 직관을 획득하는 일이다. 과학적 인식을 획득
하는 것이 아니다. 과학이 아닌 직관이 문제이다. 이 과정은 대체로
다음과 같이 진행된다. 우선 영계입문의 지원자는 자연물이나 생물
이 영안(靈眼)과 영이(靈耳)에 어떻게 나타나는가를 인식할 수 있게
된다. 그 다음, 어떤 특정한 방식으로 이러한 사물들이 아무것도 걸
치지 않은 벌거숭이의 모습으로 관찰자 앞에 드러난다. 이때 견문할
수 있는 사물의 특질은 신체적인 눈이나 귀에는 베일에 가려져 있
다. 이 베일을 벗겨내는 데에는, "영적 연소과정(燃燒課程)"이라는
절차가 필요하다. 따라서 제1의 시련을 "불의 시련"이라 한다.

어떤 사람은 일상생활 그 자체가 많건 적건 무의식적인 "불의 시
련"에 의한 영계입문의 과정을 보여준다. 그 사람은 풍부한 인생경
험을 통하여, 자기신뢰, 용기, 불굴의 정신을 건전하게 기르려고 노
력한 결과, 고뇌와 환멸과 실패를 혼의 위대함과 내적 평정, 그리고
인내력으로 견뎌내는 방법을 알고 있다. 이러한 인생경험을 겪은 많
은 사람들이 자신은 의식하지 못하지만, 이미 영계에 입문해 있다.
그 상태에서, 영안과 영이가 열린 견령자가 되기 위해서는 아주 적
은 노력이 필요할 뿐이다. 진정한 "불의 시련"이란 이 길을 걷는 자
의 호기심을 만족시키는 것이 아니다. 확실히 그는 다른 사람이 예
기조차 할 수 없는, 상식을 넘어선 일들을 인식하게 된다. 그러나 그
지식은 목적이 아니라 목적에 이르는 수단이다. 고차적 세계의 인식
을 통하여 일상세계 속에서 얻을 수 있는 것보다도 한층 위대하고

진실한 자기신뢰, 드높은 용기와 지구력, 새로운 종류의 혼의 위대
성을 획득하는 것이야말로 "불의 시련"의 목표가 되어야 한다.

"불의 시련" 이후, 그는 거기서 돌아와 물질적인 면에서나 혼적인
면에서 활기찬 인생을 살아간다. 영계입문의 과정은 내세에까지 계
속되는 수도 있다. 그러나 현세의 시련을 거친 그는, 훨씬 더 유용한
사회의 일원이 된다. 어떤 상황에 놓여서도 무엇에도 미혹되지 않는
그의 견식, 주위 사람들에 대한 감화력, 확고한 결단력이 그의 삶의
전반에 걸쳐 나타난다.

불의 시련을 통과한 후, 신비수행을 계속하는 그는 신비문자의 여
러 체계들과 만난다. 그는 이 비밀문자를 해독하지 않으면 안 된다.
이 문자 체계 속에, 본래적인 의미의 신비교의(神秘敎義)가 밝혀져
있다. 진실로 "숨겨진[오컬트(occult)적인]" 것은 일상언어로 직접
기술할 수도, 문자로 표기할 수도 없다. 물론 스승의 그 가르침은 가
능한 한 일상언어로 번역되어야 한다. 오컬트적인 문자는 영적 지각
이 획득되었을 때, 우리의 혼에 직접 말을 걸어온다. 이 문자는 언제
나 영계 속에 기록되어 있기 때문이다. 그 문자는 인공문자처럼 습
득될 수 없다. 사실을 그대로 받아들이는 견령능력의 획득에 힘을
기울여야 한다. 이러한 노력을 통해 혼은 새로운 능력을 가지게 되
고, 영계의 사상과 본성들을 문자의 자모음처럼 해독하는 힘이 생
겨난다. 혼의 진화과정에서 저절로 "시련"을 체험하여, 저절로 이러
한 힘이 각성되는 경우도 있을 수 있다. 그러나 오컬트 문자의 해독

에 달관한 영학자의 지도에 따르면, 한층 확실하게 목표에 도달할
수 있다.

　신비문자는 제멋대로 만들어진 것이 아니다. 그 하나하나가 우주
에 작용하는 다양한 힘들에 대응하고 있다. 이 기호에 의해 사물의
언어가 이해될 수 있다. 이 길을 걷는 자는 그 기호들이 준비와 깨
달음의 단계에서 지각할 수 있었던 형태, 색깔, 소리의 영적 사실들
에 대응하고 있다는 것을 재빨리 느끼게 된다. 지금까지 그가 이해
한 모든 것이 알파벳의 음 하나하나를 읽어가는 일에 지나지 않았다
는 것을 느끼게 될 것이다. 개별적인 형태, 소리, 색깔에 지나지 않
았음을 느끼게 될 것이다. 단순한 개개의 형태, 소리, 색깔에 지나지
않았던 것들이 이제는 위대한 연쇄 속에서 나타난다. 여기서부터 고
차 세계의 관찰에 확실함이 더해진다. 지금까지는 자신의 눈에 비춰
진 사물들이 과연 진실한 모습인지 확인할 방법이 없었다. 여기에
이르러, 비로소 고차적 인식의 제 영역에서 스승과 배우는 자 사이
에 올바른 의지의 소통이 가능해진다. 왜냐하면 스승이 일상생활 속
에서 어떤 사람과 아무리 친밀한 관계를 맺고 있다 하더라도, 고차
적 인식을 직접적으로 말하려 할 때는 신비문자의 기호법에 의존할
수밖에 없기 때문이다.

　이 길을 걷는 자는 이러한 기호법을 통하여 생활상의 특정한 잣대
를 배운다. 지금까지는 알지 못했던 어떤 종류의 의무에 주의를 기
울인다. 그리고 이러한 생활상의 잣대를 인식했을 때, 이 길을 걷지

않는 사람의 행위에는 전혀 포함되어 있지 않은, 의미있는 일을 수행할 수 있다. 그는 고차적 세계의 입장에서 행위한다. 이 행위의 지침은 위에서 말한 신비문자 속에서만 발견할 수 있다.

그러나 신비수행 없이, 이러한 행위를 의식하지 않은 채 해나갈 수 있는 사람들이 있다. 이 점을 강조해 두어야겠다. 이와 같은 "인류와 세계의 조력자들"은 축복과 선행을 베풀어가면서, 이 세상을 살아간다. 그들에게는 어떤 이유—이 점에 관해서는 여기서 논할 여유가 없지만—때문에, 거의 초자연적이라고 할 수 있는 천성이 주어져 있다. 그들과 이 길을 걷는 자의 차이점은 의식적으로 전체와의 관련성을 고려하면서 행하는가 아닌가에 지나지 않는다. 영계의 존재들에게 이 사람들이 세계의 구원을 위해 부여받은 것을, 이 길을 걷는 자는 수행을 통해 배운다. 우리는 이렇게 신의 은총을 받은 사람들을 마음으로 깊이 존경해야 하지만, 그렇다고 해서 수행의 길을 여분의 것으로 생각해서는 안 된다.

비밀문자를 배운 사람에게는 또 하나의 새로운 "시련"이 시작된다. 고차세계에서 그 스스로가 자유롭고 확실한 행동을 취할 수 있는가 없는가를 증명해야 한다. 우리는 보통 외적 자극에 응하여 행동한다. 주위 사정에 응하여 일을 해나가는 것이다. 이 길을 걷는 자는 고차적 세계를 살아간다 하더라도 일상의 의무를 수행하는 데에 태만하지 않는다. 고차세계의 어떠한 의무에 의해서도, 일상생활의 조그만 의무 하나를 무시하는 법이 없다. 신비학도가 되고 난 후에도 그는 일가를 이끌어가는 좋은 아버지, 좋은 어머니이다. 공무원, 군인 등 어떤 직업의 사람이 이 길에 들어선다 해도, 그것 때문에 일의 능률을 저하시키는 법이 없다. 그 반대로, 모든 생활 면에서 이 길에 들어선 자의 태도는 입문하지 않은 사람에게는 이해할 수 없을 정도로 고양되어 있다. 드문 경우로, 가끔 입문하지 않은 사람의 눈에는 그렇게 보이지 않는 경우도 있긴 하지만, 그것은 이 길을 걷지 않는 자가 영계에 입문한 사람을 정당하게 평가하지 못하는 데에 지나지 않는다. 영계에 입문한 자의 행위와 그 본질이 늘 다른 사람에게 쉽게 이해되는 것은 아니다. 그러나 이러한 일은 특별한 경우에 한할 뿐이다.

이 단계에 들어선 자에게 어떤 종류의 의무가 부과되지만, 그러나 그것은 외적인 무엇에 의해서가 아니다. 외적 상황에 의해서가 아니라 "숨겨진" 언어가 가르쳐주는 잣대에 의해서 의무를 수행한다. 더욱이 그는 제2의 "시련"을 통하여, 직무를 수행하는 공무원과 같은 정도로 확실하게, 내적 잣대가 자신에게 부과하는 의무를 수행한다. 이 시련에 의해 이 길을 걷는 자는 자신이 특정한 과제 앞에 서 있다는 것을 느낀다. 그는 준비와 깨달음의 단계에서 획득한 능력이 지각하는 내용에 따라, 어떤 행위를 수행한다. 무엇을 해야 하는가는, 그 자신의 힘으로 획득한 신비문자의 해독법에 의해 인식된다. 올바르게 인식하고 올바르게 행한다면 이 시련을 무사히 넘어설 수 있다. 그 결과 영적인 눈과 영적인 귀가 지각하는 형태, 색깔, 소리

에 변화가 일어난다. 이러한 형태, 색깔, 소리가 의무를 다한 후에
어떻게 나타나는지는 수행의 진보에 따라 정확하게 지적될 수 있다.
어떻게 하면 그러한 변화를 일으킬 수 있는가는 수행자 스스로가 발
견해야 한다.

  이 시련을 "물의 시련"이라 한다. 왜냐하면 발이 닿지 않는 깊은
물 속에는 어디에도 의지할 곳이 없는 것처럼, 이 시련의 장에서는
행위하는 인간을 받쳐주는 어떤 것도 없기 때문이다. 수행자는 완벽
한 확실성을 얻을 때까지 몇 번이고 이 시련을 반복해야 한다.

  이 수행에서 그는 어떤 유의 인간적 특성을 획득한다. 통상의 생
활경험만으로는 몇 번의 윤회를 거쳐야 얻을 수 있을 정도의 고양된
특성을 고차적 세계의 경험을 통하여 획득한다. 존재의 고차적 영역
에서 자신을 변화시키기 위해, 수행자는 초감각적 지각과 신비문자
의 해독에 의존할 수밖에 없다. 이 경우, 만약 시련의 도중에 개인적
인 바람이나 의견이 개입하면, 그 순간 수행자의 마음은 진실한 의
식에서 획득한 법칙이 아닌 자의성에 이끌려가 버린다. 그렇게 되면
당연히 일어나야 할 일과는 전혀 다른 것들이 일어나, 수행자는 홀
연히 방향을 잃어버리고 혼란에 빠지고 만다. 그 때문에 사람들은
이 시련을 통하여 자제심을 기르는 무수한 계기와 만난다. 이것이
중요하다. 그렇기 때문에 영계입문 이전의 인생체험에서, 자제심을
기른 사람이라면 이 시련을 쉽게 통과할 수 있다. 변덕스럽고 자의
적이 아니며, 숭고한 이상이나 근원적인 명제에 따르는 능력을 가진

자, 개인적인 기호나 성향이 의무를 망각하게 할 때에도, 그것을 이겨내고 언제나 의무를 수행할 수 있는 사람은 의식하고 있지 않다 해도, 이미 일상생활 속에서 영계에 입문해 있다. 이 같은 사람이 이 시련을 통과하는 것은 아주 쉽다. 그러나 오히려 두번째의 시련을 통과하기 위해서는, 무의식적으로 획득된, 일상생활에 있어서의 영계입문이 필수적인 것이라 말해야겠다. 어릴 때 쓰고 읽기를 배우지 않은 사람이 성인이 되어 그것을 습득하기가 어려운 것처럼, 일상생활에서 자제심을 기르지 않은 채, 고차세계의 인식에 직면하여 새삼 필요한 자제심을 기르기는 어렵다. 물질계의 사물과 현상에 대해, 우리들이 어떠한 욕구를 가진다 하더라도, 그것 때문에 물질계에 변화를 일으킬 수는 없다. 그러나 고차적 세계에서의 우리의 바람, 욕망, 성향은 그 대상에 대해 영향력을 가진다. 만약 고차적 세계의 사물과 현상에 대하여 거기에 합당한 영향력을 행사하고자 한다면, 우리는 자기 스스로를 완전히 지배할 수 있어야 한다. 오로지 올바른 잣대에 따라, 제멋대로 일어나는 욕구를 완벽하게 컨트롤할 수 있어야 한다.

영계입문의 이 단계에서 특별히 중요한 인간의 특질은 무조건적으로 건전하고 확실한 판단력이다. 이러한 판단력을, 이 길을 걷는 자는 그 이전의 모든 단계에서 길러두어야 한다. 수행자가 진정으로 인식의 작은 길을 걷기에 적절한 판단력을 손에 넣을 수 있는가 없는가는, 판단력을 어떻게 기를 것인가에 달려 있다. 실체 없는 환영과 미신을, 그리고 모든 종류의 현혹을, 진정한 현실과 구별할 수 있을 때만이 진보가 있을 것이다. 고차적 단계에서의 이러한 구별은 무척 어렵다. 고차의 단계일수록 문제가 되는 사항에 관한 어떠한 편견이나 집착도 허용되지 않는다. 오로지 진실만을 규범으로 삼아야 한다. 논리적으로 생각해 보아서 필요하다면, 자신의 관점이나 경향을 버릴 용의도 갖추어져 있어야 한다. 자신의 의견에 얽매이지 않을 때, 비로소 그는 고차적 세계에서 확실한 자리를 잡을 수 있다.

공상과 미신에 빠지기 쉬운 사람은 신비수행에서 진보를 이룰 수 없다. 신비수행의 과정에서 하나의 귀중한 보물이 주어진다. 고차세계에 관한 모든 의혹이 사라지고, 고차세계 그 자체가 그의 눈앞에 자신의 법칙을 열어젖힌다. 그러나 수행자가 환상에 현혹되어 있는 한은 이 보물을 손에 넣을 수 없다. 공상과 편견이 오성과 결합되면 결코 좋은 결과를 낼 수 없다. 공상가와 몽상가는 미신을 믿는 사람처럼 수행의 작은 길을 걷기에 적합한 사람이 아니다. 이것은 아무리 강조해도 지나치지 않다. 공상, 환상, 미신 속에 수행자에게 최악의 적이 숨어 있다. 그렇다고 해서 수행자가 인생의 시(詩)라 할 수 있는, 감격하는 능력을 잃지는 않는다. 비록 두번째 시련에 이르는 문전에 "모든 편견을 버리라"라고 쓰여져 있고, 첫번째 시련의 문전에 "몰상식은 어떤 시도도 헛되게 한다"라고 쓰여진 말과 조우했다 하더라도.

여기까지 도달한 수행자에게는 제3의 시련이 기다리고 있다. 최후의 시련에는 어떤 목표도 느낄 수 없다. 모든 것이 그 자신의 손에 달려 있다. 그 무엇도 그에게 행위를 강요하지 않는다. 어디로 가야 하는가. 그 자신 외에, 자신의 갈 길을 지시하고 필요한 힘을 던져주는 그 무엇도, 어떤 사람도 없다. 스스로에게서 힘을 발견하지 못하면 그는 금방 제자리로 되돌아오고 말 것이다. 그렇지만 지금까지 두 가지 시련을 통과한 사람이 이러한 힘을 발휘하지 못하는 경우는 거의 없다. 이미 낙오했든지, 시련을 통과했든지, 어느 쪽이다. 세번째 시련에서 가장 긴요한 것은 재빨리 자기 자신을 되찾는 것이다. 언어로 표현할 수 있는 가장 진실한 의미에서, 신적인 "고차적 자아"를 이 시련 속에서 발견하지 않으면 안 된다. 모든 면에서 영의 부름에 응할 결의를 재빨리 굳힌다. 이미 어떤 의미에서도 주저와 의혹 따위에 할애할 시간이 없다. 단 1분의 망설임도 성숙하지 못했음을 증거하는 일이다. 영의 소리에 따르려는 자신의 느낌을 가로막는 것은 그 자리에서 바로 극복되어야 한다. 중요한 것은 어떠한 상황 하에서도, 영의 현존을 증명하는 일이다. 그가 현재의 진화단계에서 완성해야 할 것은 바로 이런 능력이다. 습관적인 태도와 사고, 그 유혹은 힘을 잃게 된다. 타성에 빠지지 않으려면 자기 자신을 잃지 않아야 한다. 자기를 지탱해주는 유일하고도 확실한 버팀목은 스스로의 내면에서만 발견될 수 있기 때문이다. 지금 이 순간에, 이 책을 던져버리고 자기 자신만을 근거로 삼는 데에 어떤 불안도 느낄 필요가 없다. 왜냐하면 여기 기술된 시련을 통과하는 것은 인간의 더없는 축복이며 환희이기 때문이다. 일상생활은 많은 사람에게 수행의 도량이 될 수 있다. 갑작스럽게 중대한 인생문제에 직면했을 때 고통스러워하지 않고 재빠르게 결단을 내릴 수 있는 사람의 인생이란 하나의 수행의 장이었음에 틀림없다. 그 자리에서 결단을 내리지 않으면 거래에 실패해 버리고 말 그런 상황이 있다고 하자. 그것은 훌륭한 수행의 기회가 된다. 조금이라도 주저하면 불행이 현실화될 그런 상황에서 곧바로 결단을 내릴 수 있고, 그 결단력을 자신의 변함없는 특성으로 삼을 수 있는 사람은 의식하고 있지 않다 하더라도, 제3의 시련을 통과하는 지점까지 와 있다. 이 시련은 무조건적으로 영이 여기에 나타나게 하려는 것을 목적으로 한다. 이것을 "바람의 시련"이라 한다. 거기에서는 확실한 밑받침이 되어줄 외적 조건이나, 준비와 깨달음의 단계에서 인식한 색, 형태 등으로부터 일어나는 일들을 버팀목으로 삼을 수도 없고, 자기 자신 이외에 어떤 기댈 곳도 없다.

여기를 통과한 신비수행자는 "고차적 인식의 신전"에 들어갈 수 있다. 거기에 대한 기술은 기껏 약간의 암시에 의해 가능할 뿐이다. 이 시점에서 무엇을 행해야만 하는가는 다음과 같은 말로 자주 표현되고 있다.

"수행자는 신비 교의의 비밀을 결코 다른 사람에게 발설하지 않겠다는 서약을 해야 한다."

그러나 "서약"이나 "비밀을 누설한다"라는 표현은 사실에 즉한 것

이 아니므로 오해를 사기 쉽다. 여기서 말하는 "서약"이란 일반적인
의미의 서약이 아니다. 그것은 어떤 진보의 단계에 맞는 하나의 경
험을 가진다는 뜻이다. 그는 어떻게 하면 신비교의를 인류를 위해서
사용할 것인가를 배운다. 그는 이제야 비로소 이 세계를 올바르게
이해하게 되었다. 고차의 진리내용에 관해 "침묵을 지키는" 것이 아
니라, 오히려 그 진리내용을 주장하는 타당한 방법, 적절한 태도를
경험적으로 아는 것이 중요하다. 무엇에 관해 침묵할 것인가는, 이
것과 전혀 다른 문제이다. 진실로 침묵하지 않으면 안 될 것은 지금
까지 이미 말해져 온 많은 것들에 관해서이며, 특히 중요한 것은 지
금까지의 말하기 방식으로 말하기를 그만두고, 침묵을 지키는 멋진
소양을 지니는 일이다. 만일 그가 자신이 알고 있는 비밀을 세계를
위해 사용하지 않으면 그는 결코 뛰어난 스승이 아니다. 영학을 가
르치는 데 장애가 있다면, 그것은 배우는 쪽의 몰이해뿐이다. 물론
고차의 지식을 심심풀이로 말할 수는 없다. 그러나 지금까지 기술한
그 단계까지 진보한 인간에게 말하는 것이 "금지"된 일이란 존재하
지 않는다. 어떤 사람도, 어떤 존재도, 그에게 비밀의 "서약"을 강요
할 수 없다. 모든 것은 그 자신의 책임에 달려 있다. 그가 무엇을 배
우고, 무엇을 행할 것인가는, 어떤 상황하에서도 자신 스스로에 의
해 결정되어야 한다. 그러므로 "서약"이란 이와 같은 책임을 질 수
있는 데까지 성숙했다는 의미 이외에 어떤 것도 아니다.
    여기까지 성숙한 수행자는 상징적으로 "망각의 음료수"라 불리는

것을 받게 된다. 즉, 낮은 차원의 기억에 사로잡히지 않고, 언제든지 영적 작용에 집중할 수 있는 방법을 배운다. 이것은 스승이 되는 데에 필요한 것이다. 왜냐하면 스승은 항상 현재의 상황에 직접 부딪치지 않으면 안 되기 때문이다. 어떤 경우에도 인간을 휘감고 있는 기억이라는 베일을 걷어치울 수 있어야 한다. 만약 내가 오늘의 사건을 어제의 경험에 비추어 판단하려 한다면 오류에 빠지고 말 것이다. 물론 인생경험 그 자체를 부정하자는 것이 아니다. 인생경험은 가능한 한 늘 활용되어야 한다. 그러나 스승이기 위해서는 모든 새로운 경험을, 그 경험만으로 평가할 수 있는 능력을 지녀야 한다. 일체의 과거 경험에 의해 지금의 의식을 흐리게 하지 않고, 자신을 그 체험작용 속에 내맡길 수 있어야 한다. 어떠한 순간에도 사물이나 존재가 전혀 새로운 계시를 던져준다라는 관점을 잃어서는 안 된다. 새로운 것을 옛날의 잣대로 평가하는 것은 잘못이다. 물론, 옛 경험은 새로운 무엇을 통찰하는 데에 더없이 좋은 것이다. 만약 내가 지금까지 특정한 경험들을 하지 않았더라면, 지금 내 앞에 전개되는 사물이나 존재의 특징을 전혀 통찰할 수 없을 것이다. 그러나 중요한 것은 새 것을 옛 것으로 평가하는 것이 아니라, 진실로 그 새로운 것을 통찰하기 위해서 옛 것을 활용하는 일이다. 이러한 의미에서 스승에게는 특정한 능력이 필요하다. 이 능력에 의해, 영계에 입문하지 않은 자의 눈에는 감추어져 있는 많은 일들이 그에게는 명확하게 드러나는 것이다.

그에게 주어지는 또 하나의 "음료수"가 "기억의 음료수"이다. 이
것을 마시면 고차의 비밀을 언제나 자신의 정신 속에 살아가게 할
수 있다. 통상적인 기억력은 이 경우 별로 쓸모가 없다. 사람은 완전
히 진리내용과 하나가 되어야 한다. 단지 그것을 아는 것만이 아니
라, 먹고 마시는 것과 같은 살아 있는 행위 속에서 완전히 자연스럽
게 우리의 피와 살이 되게 해야 한다. 진리내용 그것이 행이 되고,
습관이 되고, 성향이 되어야 한다. 그 내용을 일반적인 의미로 이리
저리 생각할 필요는 없다. 그것은 인간 그 자체의 신진대사 기능처
럼 살아움직이고, 몸속을 흘러가야 한다. 자기 자신을, 자연이 육체
를 빚어내듯이, 영적 의미에서 하나하나 진화시켜 가는 것이다.

실천적 관점

준비, 깨달음, 입문의 각 단계에서 서술된 방식으로 감정과 사고와 기분을 육성해 가면, 영과 혼에 자연이 육체에 부여한 그런 분절화를 일으키게 할 수 있다. 견령자의 눈에 비친, 분절화가 이루어지지 않은 영과 혼은 서로 뒤엉킨 소용돌이 형태의 적갈색의 희미한 미광을 방사하는 구름으로 지각된다. 여기서 제시한 수행을 실천한 혼과 영은 황록색 또는 청록색의 영적인 빛을 방사하며, 그리고 거기에 규칙적인 구조가 나타난다. 자연이 인간의 육체에 부여한 보고, 듣고, 먹고, 숨쉬고 말하는 것과 같은 기능과 질서를, 자신의 감정, 사고, 기분 속에 가질 수 있다면, 이러한 규칙적인 구조가 나타나면서 고차적 인식을 얻을 수 있다. 이 길을 걷는 자는 혼으로 보고 혼으로 숨쉬고 영으로 듣고 말하기를 배우게 된다.

여기서는 영과 혼을 고차적으로 기르기 위한 약간의 실천적 관점에 대해 생각해 보기로 한다. 특별한 것은 없다. 기본적으로 모든 사람이 어떤 특별한 규칙 없이 어떤 식으로든 실천할 수 있는 것이면서, 그것으로 인해 영학의 길을 한층 심화시켜 주는 관점이다.

첫째, 특별히 인내심을 길러야 한다. 초조감은 우리의 내면에 간 직된 고차의 능력을 마비시키고 때로는 흔적도 없이 지워버린다. 오늘이나 내일까지 초감각적 세계를 향한 무한한 전망이 열리기를, 하고 바라지 마라. 그렇게 조급을 떤다고 해서 무한한 전망이 열리지 않는다. 아무리 하찮은 결실이라 해도 감사해야 할 것이며, 만족과 평정심이 우리의 혼을 지배할 수 있게 해야 한다. 수행자가 성과를 올리고 싶다는 성급한 바람을 가지는 것은 당연하다. 그러나 그러한 초조감을 억제하지 못하는 한, 어떤 결실도 맺을 수 없다. 초조감을 단순히 억제했다고 해서 그만은 아니다. 오히려 초조감이 점차 깊어져갈 뿐이다. 마음의 표면에서 그것이 사라진 듯이 보여도, 혼의 깊이 속에서 점점 힘을 비축하고 있다. 다음과 같은 사고내용에 거듭 마음을 가라앉히고 마음을 하나로 할 때, 어느 정도의 성공이 기대된다.

"혼과 영의 육성을 위해 어떤 노력도 아끼지 않겠다. 고차원의 존재들이 나를 깨달음으로 이끌어줄 때까지 조용히 기다리고 있을 뿐이다."

이러한 사고내용이 자신의 성격의 일부분이 될 때까지 깊이 마음속에 작용시킬 수 있는 사람은 올바른 길에 들어서 있다. 그때는 이미 외관상으로도 이러한 성격적 특징이 나타난다. 눈길은 안온하고, 몸놀림에 확고함이 더해지며, 결단력이 강해진다. 신경질적인 요소가 없어진다. 이때, 일견 무관해 보이는 사소한 규칙 하나를 지키는 것도 좋은 방법이다. 이를테면, 누군가가 나를 모욕했다고 하자. 수행 이전에는 모욕한 상대에게 적의를 느끼고, 분노가 불타올랐다. 그러나 이제 수행자의 마음에는 다음과 같은 사고내용이 나타난다. "이런 모욕으로 나의 가치가 변하는 건 아니다."

그는 그 모욕에 대해 필요한 조치를 취한다. 분노로서가 아니라 평정한 마음으로. 물론 모든 모욕을 감수한다는 것이 아니다. 어떤 다른 사람이 모욕을 당하고 있을 때, 그 사람 대신에 그것을 나무랄 수 있는 것처럼, 조용히 확신을 가지고 자신의 인격에 가해진 모욕에 대해 설명을 요구하면 된다. 수행은 외부에서 보일 정도로 커다란 일들 속에 있는 것이 아니라, 조용하면서도 섬세하게 영위하는 사고와 감정의 과정 속에서 진행된다는 것을 늘 염두에 두어야 한다.

고차적 인식의 고귀한 내용에 대하여, 인내는 공감적으로, 초조감은 반감적으로 작용한다. 존재의 고차적 영역에서는 성급한 태도로는 어떤 것도 달성할 수 없다. 따라서 어떠한 경우에도, 이기적인 요구와 욕망을 침묵시켜야 한다. 요구와 욕망은 고차적 인식을 지향하는 모든 사람의 수치스러운 특성이다. 비록 고차의 인식에 어떤 가치가 있다 하더라도, 수행의 과정에서 그것을 요구해서는 안 된다. 자기 자신을 위해서 그것을 원하는 자는 결코 구할 수 없다. 이것은 수행자가 스스로의 마음 깊은 곳에서 성실한 태도를 유지해야 한다는 것을 말한다. 어떤 경우에도, 자기 자신에 대해 환상을 품어서는 안 된다. 자신의 약점, 결점, 무능함을 성실한 눈으로 직시해야 한다.

자신이 가진 어떤 약점을 변호하려는 그 순간, 당신은 자신을 고양시켜가는 그 길 위에 하나의 걸림돌을 놓아두는 셈이다. 이러한 걸림돌은 당신의 자기인식에 의해서만 제거될 수 있다. 자신의 결점이나 약점을 넘어설 수 있는 단 하나의 길이란, 그것을 올바르게 인식하는 일이다. 모든 가능성은 인간의 혼 속에 잠들어 있다. 단지 그것을 각성시키면 된다. 자신의 약점이 어디에 있는가를 평정한 오성과 이성의 태도로 해명할 수 있을 때, 그는 앞으로 나아갈 수 있다. 물론 이러한 자기인식은 결코 용이한 일이 아니다. 왜냐하면 자기 자신에 대해 환상을 가지려는 유혹만큼 뿌리치기 어려운 건 없기 때문이다. 자신에 대해 성실한 태도를 가지는 습관을 몸에 지니지 않으면, 고차적 인식의 문은 열리지 않는다.

이 길을 걷는 자는 모든 종류의 호기심을 던져버려야 한다. 개인적인 지식욕을 만족시키기 위해, 무엇을 알려고 하는 욕구를 버리라. 자신의 존재를 완성시키고 인류의 진화에 기여할 수 있는 것에만 관심을 가지라. 그렇다고 해서 앎에 대한 기쁨이 마비되는 것은 아니다. 그는 이상의 실현에 합당한 모든 것에 경건한 마음으로 귀기울이고, 그러한 마음과 만날 수 있는 모든 기회를 찾아야 한다.

수행을 완성시키려면, 어떠한 방식으로 바람을 가질 것인가에 대해 배워야 한다. 더 바랄 것 없이 가득 차서도 안 된다. 왜냐하면 우리들이 달성해야만 할 일들은 모두 우리들의 바람의 대상이기 때문이다. 만일 그 바람의 배후에 어떤 특별한 힘이 작용하고 있다면, 그

바람은 이루어질 것이다. 그 특별한 힘은 다음과 같은 올바른 인식
에서 생겨난다.

"무엇이 올바른지를 인식할 때까지, 어떤 바람도 가지지 않는다."

이것은 이 길을 걸어가는 자에게는 하나의 철칙이다. 현자는 우선
세상사 하나하나의 법칙을 배운다. 그 위에 설 때만 바람을 실현할
수 있는 힘을 얻는다. 하나의 예를 들어보자. 누구라도 태어나기 이
전의 자신의 존재에 대해 알고 싶은 바람을 가지고 있다. 그러나 그
가 영학 연구를 통하여 영원한 존재의 법칙을, 더욱이 그 법칙의 이
를 데 없이 미묘하고 내밀한 성격에 이르기까지 인식하지 못한다면,
그 바람은 아무 의미도 없고 아무 성과도 거둘 수 없다. 그러나 그
가 인식을 획득하고 좀더 앞으로 나아가고자 한다면, 자신의 고양되
고 정화된 바람을 통하여 그것을 달성할 것이다.

세상에 아무 짝에도 쓸모 없는 말이 있다.

"나의 전생을 알고 싶다. 그래서 영학을 배운다."

그런 의도를 벗어던지라. 아무 의도 없이 배우는 자세를 가지라.
아무런 의도 없이, 배움에 대한 기쁨, 그 배움의 내용에 대해 존경심
을 가지고 귀의하는 마음을 가지라. 그런 자세를 가질 때, 어떤 진실
한 바람을 가져야 할지를 알 수 있다.

짜증을 내고 화를 내는 나는, 내 혼의 주위에 벽을 쌓아 영적인 눈
을 길러줄 힘이 내 안으로 들어오지 못하게 하고 있다. 누군가가 나
를 화나게 한다고 하자. 그는 아스트랄적인 흐름을 내 혼의 세계 속

으로 흘려보내고 있는 것이다. 한참 화를 내고 있는 나에게는 이것
이 보이지 않는다. 물론 화를 내고 있지 않다고 해서 금방, 이 혼적
(아스트랄적)인 흐름이 보이는 것은 아니다. 보기 위해서는 혼의 눈
이 열려 있어야 한다. 혼의 눈은 그 본성에 따라, 모든 사람에 내재
해 있다. 늘 화를 내는 사람에게는 이 눈은 활동하지 않는다. 몇 번
화를 억눌렀다고 해서, 그 눈은 뜨이지 않는다. 늘 분노를 극복하면
서 참을성있게 앞으로 나아가야 한다. 그러면 어느 날 혼의 눈이 열
리는 것을 느끼게 된다. 물론 이 목표에 도달하기 위해서 극복하지
않으면 안 될 것은 분노만이 아니다. 많은 사람이 오랜 노력 끝에,
이윽고 혼의 특성을 조금은 극복하게 되었지만, 여전히 견령능력이
나타나지 않는 데에 초조감을 느끼고 회의에 빠져든다. 그렇지만 그
사람은 약간의 특성에 주의를 기울였을 뿐, 다른 것들은 제멋대로
창궐하게 내버려두었다. 견령능력은 그것을 잠든 상태로 유지하려는
모든 특성이 극복된 후에야 비로소 나타난다. 물론 영시(靈視)[또는
영청(靈聽)]의 징후는 그 이전에도 인지되기는 하지만 그것은 아직
모든 착각의 가능성에도 열려 있기에, 세심한 주의를 기울여 육성하
지 않으면 금방 메말라버릴 섬세한 혼의 어린 싹에 지나지 않는다.

　분노, 짜증, 공포, 미신, 독단, 허영심, 공명심, 호기심, 요설, 나아
가 신분이나 성이나 인종과 같은 외적인 특징으로 인간을 구별하는
태도를 극복해야 한다. 우리들 시대는 이와 같은 혼의 특성을 극복
하는 것이 인식능력의 향상과 관련되어 있다는 것을 믿으려 하지 않

는 경향이 있다. 이 길을 걸어본 사람은 지성의 폭을 넓히거나 부자
연스러운 수행을 하기보다도, 이 같은 특성을 극복하는 것이 훨씬
중요하다는 것을 잘 알고 있다. 그러나 두려워하지 말라고 해서 일
부러 대담한 태도를 취한다거나, 신분이나 인종상의 편견을 극복해
야 한다고 해서, 인간에 대한 일체의 구별을 부정하는 것은 본질을
잘못 파악하는 일이다. 편견에 사로잡히지 않을 때, 비로소 올바른
인식에 이를 수 있다. 일상생활 속에서 어떤 현상에 겁을 먹는 것은
그 현상을 통찰할 수 없게 하고, 어떤 사람에 대한 인간적인 편견은
그 사람의 혼을 볼 수 없게 한다. 이 길을 걷는 자는 특히 이러한 일
상체험의 의미를 섬세하면서도 예민한 태도로 파악하여, 그것을 내
면 속에서 발전시켜야 한다.

철저하게 사고하지 않은 일을 입밖에 내는 것 또한, 수행의 길에
하나의 걸림돌을 놓는 행위이다. 이 점 특히 주의를 기울이지 않으
면 안 된다. 누군가가 나에게 어떤 말을 하고 내가 거기에 대해 대
답할 때를 생각해 보자. 이때 나는 그에 대해, 내가 하고자 하는 말
에 대해서보다 그의 의견이나 감정, 심지어 편견에도 최대한의 경의
를 표해야 한다. 여기에는 이 길을 걷는 자가 세심한 주의를 기울여
야 할 태도에 대한 섬세한 배려가 암시되어 있다. 이 길을 걷는 자
가 다른 사람의 의견에 대해 자신의 의견을 말할 때는, 그것이 상대
에게 어떤 의미를 가지는가를 통찰해야 한다. 그렇다고 해서 자신의
의견을 억제하라는 말은 아니다. 결코 그럴 필요는 없다. 우리는 가

능한 한 정확하게 다른 사람의 마음을 이해하고 거기에서 얻은 이해에 따라 자신의 의견을 정리해야 한다. 이때, 그의 마음에는 다음과 같은 상념이 일어나고, 그 상념이 자신의 성격의 일부분으로 녹아 있다면, 그는 올바른 길을 걷고 있는 것이다. 그 상념은 다음과 같은 말로 표현될 수 있다.

"내가 타인과 다른 의견을 가지고 있는가 아닌가는 전혀 문제가 아니다. 중요한 건, 내가 거기에 무엇을 보태야 그 사람이 올바른 방향으로 나아갈 수 있는가 하는 것이다."

이러한 상념과 사고를 통하여, 이 길을 걷는 자의 성격과 행위에는 모든 수행의 주요한 지표가 되는 온화함이 나타난다. 엄격한 태도는 영안을 각성시키는 혼적 구성체를 그의 주위로부터 쫓아내버린다. 온화함은 그를 위하여 장애를 제거해주고 그의 영적 기관을 외부로 향해 열리게 해준다.

온화한 태도는 혼의 내부에 또 하나의 특징을 나타나게 할 것이다. 그것은 자신의 혼이 말하는 것을 완전히 침묵시키고, 주위의 혼이 영위하는 모든 종류의 미묘한 움직임에만 조용히 주의를 기울이는 태도이다. 이러한 자세와 능력이 몸에 밴 사람은 다른 혼의 운동에서 영향을 받으면서, 마치 식물이 태양의 힘으로 자라듯이, 자신의 혼을 분화, 발전시킨다. 진실한 의미의 인내로, 자신의 미덕으로 갖추게 된 온화함과 과묵함은 혼을 위해서는 혼계를, 영을 위해서는 영계를 열어준다.

"평정과 고독 속에 머물라. 수행 이전의 감각이 그대에게 부여한 모든 것에 대한 감수성을 정지시키라. 습관화된 사고행위를 일체 정지하라. 내적으로 완벽하게 정숙하고 과묵하라. 그리고 참을성있게 기다리라. 그러면 고차의 세계가 그대에게 혼의 눈과 영의 귀를 생성시킬 것이다. 곧바로 혼과 영의 세계를 견문하리라는 등의 기대는 하지 마라. 그대의 실천만이 고차적 감각을 육성시킬 수 있을 뿐이다. 그리고 혼으로 보고 영으로 듣는 능력은 그대가 그것을 손에 넣었을 때 사용하면 되는 것이다. 그때까지는 평정과 고독의 시간을 가지면서, 그대의 일상에 전념하라. '적절한 성숙을 이룩한다면, 언젠가는 그러한 높이에 도달할 것이다'라는 상념을, 수행기간 중 깊이 마음속에 새겨두라. 자의적으로 고차의 힘을 끌어오리라고는 결코 생각하지 말라."

이것은 처음 이 길에 들어선 모든 사람이 스승으로부터 받는 가르침이다. 이 가르침에 따르는 자만이 진보한다. 이 가르침을 무시하면 어떤 노력도 헛된 것일 뿐이다. 이 가르침은 결코 어려운 것이 아니다. 단지 인내와 지속력이 없는 자에게만 어렵게 생각될 것이다. 제멋대로 길 속에 가지고 들어오는 것, 정말로 피하려면 누구든지 피할 수 있는 것, 그것이 수행의 장애물이다. 그 외의 장애란 존재하지 않는다. 이것은 몇 번이고 강조되지 않으면 안 된다. 수행의 어려움에 관해 많은 사람들이 잘못된 관념을 가지고 있다. 어떤 의미에서는 이 작은 길의 시작을 통과하는 쪽, 수행 없이 일상생활을 살아가는 것보다 한층 쉬운 것이다.

더욱이 이 책에서는 육체나 혼에 전혀 위험하지 않은 사항만을 서술하고 있다. 다른 방식으로 보다 재빨리 목표에 도달할 수도 있다. 그러나 이 책에서 말하는 것은 그런 길들과는 전혀 관계가 없다. 그러한 길들은 이 길을 걷는 자에게 결코 바람직하지 않은 영향을 끼친다. 어떤 시대에도, 그러한 길을 설법하는 자가 대중들 앞에 모습을 드러낸다. 그 길에 미혹되고 싶은 충동에 대해, 확실히 경고해 두지 않으면 안 된다. 스승만이 이해할 수 있는 몇 가지 이유 때문에, 이러한 길들의 진정한 모습은 절대로 사람들에게 공개되지 않는다. 거기에서 나타나는 단편적인 것들은 우리의 건강과 행복, 혼의 평화를 방해할 뿐이다. 그 진정한 본성과 유래조차 알 수 없는 암흑의 힘에, 자신을 완전히 내맡겨버릴 생각이 없는 사람은 그러한 것들과 관계하지 않아야 한다.

각 개인을 둘러싸고 있는 환경은 수행을 시작하는 데 중요한 의미를 가진다. 자기중심적이 될 수밖에 없는 생존경쟁이 치열한 사회환경 속에서 수행하는 사람은, 자신의 혼적 기관의 형성이 이러한 환경에 영향받지 않을 수 없다는 것을 의식하고 있어야 한다. 혼적 기관의 내적 법칙의 작용이 충분히 성숙되어, 이러한 영향들이 그렇게 유해하지 않은 경우도 있다. 환경이 나쁘다고 해서 백합이 엉겅퀴로 변할 수 없는 것처럼, 영안이 근대 도시의 이기적인 이해관계 속에서 본래의 목적에 반하는 무엇이 되어버리지는 않는다. 그런 일이란

있을 수 없다. 그렇다고 해도, 가끔씩은 대자연의 평화로운 안락함
이나 부드러움 속에, 또는 그 숭고한 아름다움 속에 몸을 적셔주는
것이 바람직하다. 특히 수행에 적합한 것은 녹음 속이나 햇빛이 내
리쬐는 산속과 같은, 사랑스럽고 단조로운 자연의 움직임 속에서 행
에 몰두할 수 있는 환경이다. 근대 도시 속에서는 결코 얻을 수 없
는 이러한 조화로운 환경 속에서 우리는 내적 기관을 개발할 수 있
다. 어린 시절 당수나무 아래서 그 향기를 맡으며 눈덮인 산을 올려
다보고, 동물들이 뛰어노는 숲속에서 벌레들이 꼼지락거리는 모양을
관찰하면서 자라난 사람은 도시에서만 자라난 사람보다 좋은 조건
을 가지고 있다. 그 때문에, 어쩔 수 없이 도시생활을 할 수밖에 없
는 사람은 이제 싹트기 시작한 영적 인식기관의 양분인 영적 체험에
기초한 영학의 가르침에 귀기울이기를 게을리하지 말 일이다. 봄이
오면 파릇파릇 돋아나는 잎사귀 하나하나를 음미할 여건을 가지지
못한 사람은 그 대신에 바가바드 기타, 요한 복음서, 토마스 아 켐피
스*의 숭고한 가르침이나 영학의 저술을, 혼의 양분으로 섭취해야
할 것이다. 인식의 산정에 오르는 길은 여러 갈래이긴 하지만 그 중
에서 올바른 길을 선택하는 것이 무엇보다도 중요한 일이다.

  영학자는 때로 상상도 할 수 없는 방법에 의해, 올바른 길로 들어

---

  * Thomas a Kempis(1380~1471). 본명은 Thomas Hemerken. 독일의 신비
사상가, 수도사. 그의 저술 《그리스도를 본받아서》는 성서 다음 가는 성전으로 널리 읽
혀지고 있다.

서기도 한다. 이를테면 누군가가 상당한 신비수행을 쌓아, 영적인 눈과 귀가 열릴 바로 그 순간에 도달해 있다고 하자. 그러한 혼의 상태에서, 거울처럼 맑은, 또는 거칠게 파도치는 바다를 항해할 때, 갑자기 그의 혼을 가리고 있던 베일이 벗겨지기도 한다. 그는 견령능력을 획득한 것이다. 또 다른 사람의 경우는, 격렬한 운명의 타격이 그의 영안을 가리고 있던 베일을 걷어준다. 만일 그가 수행자가 아니었다면, 그것은 자신의 생명력을 마비시키고 말았을 운명의 타격이 되었을 것이다. 그러나 그것은 그에게 깨달음의 계기로 작용한다. 어떤 수행자는 몇 년이고 아무런 성과도 없이 꾸준히 길을 걸어왔다. 조용히 앉아 있던 그는 갑자기 영의 빛에 감싸여 주위의 벽이 일거에 사라지는 것을 체험한다. 사방이 투명해지면서 새로운 세계가 전개된다. 그리고 그의 영적인 귀에는 현묘한 음이 울려퍼진다.

수행의 조건

수행에 입문하기 위한 조건은 어느 누군가가 제멋대로 정한 것이 아니다. 그것은 영학의 본질에 뿌리내리고 있다. 붓 들기를 싫어하는 사람이 화가가 될 수 없는 것처럼, 스승이 필요한 조건으로 제시하는 사항들을 실행하려 하지 않는 사람은 결코 수행자가 될 수 없다. 이 길에서 스승은 기본적인 충고밖에 줄 수 없다. 그러나 이 길을 걷는 자는 그 충고를 진솔하게 받아들여야 한다. 스승은 고차세계의 인식에 이르는 길을 통과해 온 사람이다. 그는 자신의 경험을 통해 무엇이 필요한지를 알고 있다. 그 스승과 같은 길을 걸을 생각이 있는가 없는가는, 개인의 자유의지에 맡겨진다. 조건을 충족시키지 않으면서 수행의 길을 가르쳐달라는 요구는 마치 그림을 가르쳐달라, 그렇지만 절대로 나에게 붓을 들게 할 생각은 말라는 것과 조금도 다를 바 없다. 이 길의 스승은 배우기를 원하는 자의 자유의지가 자신의 충고를 받아들일 준비가 되어 있지 않다고 인정될 경우, 아무것도 말하지 않는다. 그러나 그러한 일반적인 의지만으로 충분한 것은 아니다. 많은 사람이 그러한 의지를 가지고 있다. 그러나 막연하게 의지만을 가지고 있다 해도, 신비수행의 특별한 조건에 따를 수 없는 동안은 아무것도 이룰 수 없다. 수행의 어려움을 탄식하는 사람은 이러한 것을 잘 생각해야 할 것이다. 자신의 내면에 엄격하고 구체적인 실천의 조건들을 충족시킬 수 있는 능력과 의지가 없다고 판단될 때는 잠시 수행을 단념하는 것이 좋다. 확실히 조건은 엄하긴 하다. 그러나 가혹한 것은 아니다.

그 조건의 충족은 항상 자유로운 행위에 의한 것이어야 한다.

이 점을 이해하지 않으면, 마치 수행의 요구가 혼과 양심에 대한 강제인 것처럼 생각하기 쉽다. 왜냐하면 수행이란 내적 생활의 육성이기에, 스승은 그 내적 생활에 관련된 충고를 하지 않으면 안 되기 때문이다. 그러나 자유로운 결단의 결과로서 스스로 필요하다고 인정한 것은 결코 강제가 아니다.

"당신이 알고 있는 비밀의 지식을 가르쳐주시오. 그러나 지금까지 내가 살아온 감정과 사고는 그대로 놔두게 해주시오."

만일 스승에게 이러한 요구를 한다면, 그는 절대로 불가능한 일을 요구하는 셈이다. 그는 단순히 지적인 충동과 호기심을 만족시키고 싶을 따름이다. 결코 이러한 태도로는 이 길을 걸을 수 없다.

이제 이 길을 걷는 데 필요한 조건을 살펴보자.

여기에 제시된 조건들을 반드시 완벽하게 충족시켜야 한다는 것은 아니다. 그것을 충족시키기 위해 노력하는 자세가 중요하다. 이점, 강조해 두어야겠다. 누구도 조건을 완전히 충족시킬 수는 없다.

그러나 그것을 실현하기 위한 노력은 누구라도 할 수 있다. 단지 이 길을 걷고자 하는 의지와 마음가짐이 문제가 될 뿐이다.

조건 1—몸과 마음의 건강에 유의한다.

　　얼마나 건강한가는 물론 자신의 의지만으로 결정되는 것은 아니다. 그러나 건강하려는 노력만은 누구라도 할 수 있다. 건강을 지키려는 사람에게만 건전한 인식이 육성된다. 수행이 건강하지 못한 사람을 배제하는 것은 아니지만, 수행자에게는 반드시 건전한 생활의 의지가 필요하다. 건강하려는 의지에도 자주성이 필요하다. 묻지도 않는데 여러 사람들이 가르쳐주는 선량한 조언들은 대체로 아무 쓸모가 없다. 자기 자신에게 주의를 기울이도록 힘쓰자. 무엇보다 중요한 것은 몸이 유해한 영향을 받지 않게 하는 것이다. 의무를 다하기 위해서는 때때로 건강에 좋지 않은 일을 할 수도 있다. 그러나 건강에 주의하는 것보다 의무를 수행하는 것이 중요한 경우에도, 건강에 대한 최소한의 배려는 가능할 것이다. 때에 따라 의무는 건강보다도, 아니 생명보다도 중요하다. 그러나 의무 대신에 향락이 자리바꿈하는 것은 결코 허용될 수 없다. 향락은 건강과 생명을 위한 수단이어야 한다. 자기 자신에 대한 정직하고 진솔한 태도가 무엇보다도 중요하다. 금욕생활이라고 하더라도 그것이 다른 향락들과 똑같은 동기에 의한 것이라면, 아무짝에도 쓸모가 없다. 어떤 사람이 한잔 술로써 맛보는 똑같은 만족감을, 다른 어떤 사람은 금욕생

활 속에서 누리는 경우도 있다. 그러한 금욕생활이 고차적 인식에
유효하지만은 않다.

많은 사람들은 고차적 인식에 이르는 길에서 일어나는 장애를 자
신의 생활환경 탓으로 돌리고, "이런 생활환경 속에서 진보가 있을
리 없지" 하고 말한다. 다른 목적을 위해서라면 생활환경을 바꿀 필
요가 있을 것이다. 그러나 수행을 하기 위해, 그 누구도 생활환경을
바꿀 필요는 없다. 바로 지금의 환경 속에서 가능한 한 몸과 혼의 건
강을 위해서 노력하는 것이 중요하다. 어떤 직업이라도 인류 전체를
위해 유익할 수 있다. 인간의 혼은 "내가 이런 일을 하다니, 내게는
다른 일이 맞아"라고 할 때보다는, "이 보잘것없고 귀찮은 일이 인
류를 위해 얼마나 필요한 것인지 몰라"라고 생각할 때, 그 위대성을
발휘한다.

수행에서 특히 중요한 것은 완전한 영적 건강을 위한 노력이다. 불
건전한 심적 생활과 사고생활은 어떤 경우에도 인간을 고차인식에
의 길로부터 멀어지게 한다. 명료하고 착실한 사고, 확실한 감성과
감정이 수행의 토대가 된다. 공상벽이나 격앙하기 쉬운 성질, 신경
질, 흥분, 광신만큼 수행을 방해하는 것은 없다. 생활환경의 모든 부
분에 건전한 눈길을 던져야 한다. 나의 인생이 지금 어디에 와 있는
지, 어디서 와서 어디로 가는지, 분별하고 있어야 한다. 모든 방향에
서 사물들이 자신을 향해서 조용히 속삭여오고 있다. 필요한 경우에
는 언제든지 그 요구에 따를 준비가 되어 있어야 한다. 자신의 감정

과 판단력 속에 들어 있는 과장과 편견을 없애야 한다.

　이러한 조건을 충족시키지 않으면, 고차세계에 입문하는 것이 아니라 자기 자신의 주관적인 환상세계 속에 함몰하고 만다. 진리가 아닌, 제멋대로의 의견이 자기를 주장하기 시작한다. 수행이란 흥분 잘하고 공상력이 풍부한 것보다는 "냉정함"에 의해 그 객관성이 유지되는 것이다.

조건 2—자기 자신을 전일적 생명의 한 부분으로 느낀다.

　이 조건에는 많은 것이 내포되어 있다. 우리들은 이것을 자기 류로 느끼면 그만이다. 이를테면 내가 교육자라고 하자. 한 학생이 말을 듣지 않는다. 이때 나는 학생에게 감정을 폭발시킬 것이 아니라, 나 자신의 내면과 마주보고 선다. 그리고 학생과 내가 하나의 존재라는 것을 느끼면서, "이 아이의 불량함이 나의 행위의 결과에 의한 것이 아닐까" 하고 물어야 한다. 그렇게 할 때, 나는 감정을 금방 학생에게 폭발하지 않고 이 학생이 나의 지도에 보다 잘 응하도록 하려면 어떤 태도를 취해야 할까를 숙고하게 된다. 이러한 태도를 육성해가면, 점차로 나의 사고방법은 전체적인 변화를 일으킨다. 이를테면 범죄를 저지른 사람에 대해서도 "나 또한 이 사람과 전혀 다를 바 없다. 단지 환경과 교육이 나를, 그와 같은 운명을 걷지 않게 지켜주었을 뿐이다"라는 식으로 생각하게 된다. 만약 나에게 교육을 베풀어준 사람들이 똑같은 노력을 그에게도 베풀었더라면,

그도 다른 인생을 살았을 것이다. 그에게는 주어지지 않은 무엇이 나에게는 주어져 있다는 것, 나의 장점이 그에게는 주어지지 않은 그것 때문에 가능했다는 것을 알 수 있게 된다. 그때 자신이 전인류의 한 부분이며, 이 세계에서 일어나는 모든 일에 대한 책임을 공유하며, 모든 것이 결코 나와 무관하지 않다는 사실을 느끼게 된다. 그러나 이러한 사고를 금방 선동적인 사회행동으로 전환시켜야 한다는 것이 아니다. 조용히 혼의 깊이에서 그러한 사고를 길러가는 것이다. 그러면 점차 그러한 사고가 인간의 외적 태도 속에도 아로새겨진다. 그런 가운데 자기 개혁이 시작되는 것이다. 이렇게 생각해 볼 때, 모든 사람에 대한 일반적인 규범은 의미가 없다. 인간이란 어떻게 살아야 하는가에 대해 너무나 안이하게 판단하는 경향이 있다. 그러나 수행자는 혼의 깊이에서 그것을 판단해야 한다. 따라서 스승의 요구를 어떤 외적인 의미로, 심지어는 수행과 아무런 관계도 없는 정치적인 것과 관련시키는 것은 잘못된 태도이다. 일반적으로 정치적인 선동가들은 다른 사람에게 무엇을 요구하면 좋은가를 잘 알고 있다. 그러나 자기 자신에 대한 요구는 문제삼지 않는다.

조건 3—자신의 사고와 감정이, 세계에 대하여, 자신의 행위와 동일한 의미를 가진다는 입장을 가진다.

누군가를 저주하면 이미 그것만으로 때리는 것과 같은 정도의 피해를 그 사람에게 끼치고 있다. 이것을 느낄 수 있다면, 나 자신을 완성하려는 노력이 나 하나만을 위해서가 아니라 세계를 위해서라는 인식에 도달할 수 있을 것이다. 나의 순수한 감정과 사고로 인하여 세계는 나의 선행에 의한 것과 같은 정도로 아름다워질 것이다. 내면세계에서 이러한 나와 세계의 관련성을 확신하지 못하는 한, 수행자가 될 자격이 없다. 내면의 생활이 외적인 현상들과 똑같은 현실적인 힘을 가진다는 사실을 인식하고 수행을 할 때, 자신의 내적인 혼이 얼마나 소중한 것인가를 확신할 수 있는 것이다. 감정의 움직임이 손의 움직임과 똑같은 효력을 가진다는 사실을 인정하게 되는 것이다.

조건 4—인간의 본질은 외부에 있는 것이 아니라 내부에 존재하고 있다는 관점을 가진다.

자신을 외적 세계의 산물에 지나지 않는다고 생각하는 사람은 수행에 성공할 수 없다. 자기 자신을 혼적＝영적 존재로 느끼는 것이 수행의 전제이다. 이 전제를 받아들일 때, 비로소 내적인 의무와 외적인 성공을 구별할 수 있다. 그 둘 중 하나만으로 다른 하나를 평가할 수 없다는 것을 알게 된다. 이 길을 걷는 자는 외적 조건이 명하는 것과 자신이 타당하다고 생각하는 일 사이에서 중용의 길을 찾아야 한다. 그는 주위의 세계에 대하여 그 세계가 이해할 수 없는 일을 요구해서는 안 되지만, 그렇다고 해서 세계가 인정하는 일만을 행하려는 경향에서도 자유로워야 한다. 인식을 추구하며 싸우는 자기 자신의 성실한 혼의 목소리에 의해서만 진실한 것을 판단할 일이다. 그러나 주위세계에 무엇이 유익한 것인가를 알기 위해서는 주위의 목소리를 경청할 수 있어야 한다. 이렇게 하여 그는 영학이 "영의 저울"이라 부르는 것을 스스로의 내부에 만들어낸다. 저울의 한쪽에는 외계의 요구에 대한 "열린 마음"이, 다른 한쪽에는 "내적 확신과 불굴의 지속력"이 놓이게 된다.

조건 5—한 번 결심한 것은 충실하게 이행한다.

스스로 잘못된 결단이라는 판단을 내리지 않는 한, 어떠한 영향도 수행자의 결의를 뒤바꿀 수 없다. 모든 결의는 하나의 힘이다, 만일 이 결의가 금방 어떤 결과를 가져다주지 않는다 해도, 그 힘은 살아 숨쉬고 있다. 욕망으로 행동할 때만 성공인가 아닌가가 의미를 가진다. 욕망에서 비롯하는 모든 행위는 고차세계에서는 아무런 가치도 없다. 고차세계에서는 행동에 대한 사랑만이 결정적인 의미를 가진다. 그 사랑에, 이 길을 걷는 자를 행동으로 이끌어가는 모든 것이 살아움직이고 있어야 한다. 그 사랑 때문에, 아무리 실패하더라도 거듭거듭 결의한 일을 행동으로 옮기려 노력할 것이다. 그리고 자신의 행동이 외적 결과를 나타내기를 기대하는 것이 아니라, 행위하는 것 자체에서 즐거움과 만족을 발견할 것이다. 행자는 자신의 행동이, 아니 자신의 전 존재가, 세계를 위해 바쳐져 있다는 것을 배우게 될 것이다. 세계가 이 희생을 어떻게 받아들일 것인가는 다른 문제이다. 스스로를 희생할 준비가 되어 있어야 하는 것이다.

조건 6—자신에게 일어나는 모든 일에 대하여 감사하는 마음을 기른다.

나라는 존재는 전우주가 보내준 선물이다. 우리는 이 세상을 살아가는 데 얼마나 많은 자연의 혜택을 입고, 얼마나 많은 사람들의 도움을 받고 있는지 모른다. 이 길을 걸어가는 사람은 이 점을 깊이 생각해야 한다. 이러한 생각에 깊이 빠져들 수 없는 사람은 자신의 내면에 고차의 인식에 도달하는 데에 필요한 자비심을 기를 수 없다. 나 자신이 그것을 사랑하지 않는 한, 어떤 존재도 나를 향해 자신의 비밀을 열어젖히지 않을 것이다. 나를 향해 열려진 그 모든 것에 대해 감사하는 마음으로 받아들일 일이다. 왜냐하면 그것으로 인해 나는 스스로를 더욱 풍요롭게 할 수 있기 때문이다.

조건 7—이상의 조건들을 통일시켜 거기에 맞는 삶을 살아간다.

이렇게 하여 수행자는 자신의 삶에 하나의 통일된 흔적을 남길 수 있는 가능성을 만든다. 언행 하나하나가 모순됨이 없이 통일된다. 이 길을 걷는 데 필요한 내적 평정을 위한 준비가 마련된 것이다.

이러한 조건들을 충족시키려는 진솔하고 성실한 의지가 있을 때

만이 수행의 결의가 일어나고, 스승의 충고에 따를 마음의 준비가
갖추어진다. 어떤 사람에게는 스승의 충고 가운데서 많은 부분들이
외적인 것으로 보일 것이다. 그 사람은 수행이 그렇게 엄격한 형식
속에서 이루어지리라고는 상상하지 못했던 것이다. 그러나 모든 내
적인 것은 외적으로도 가득 차야 한다. 화가의 머리속에 아무리 멋
진 마돈나 상이 들어 있다 하더라도, 그것만으로 그림이 그려졌다고
할 수 없듯이 수행 또한 외적 표출 없이는 존재할 수 없다. 외적인
것 속에 내적인 것이 표출되어야 한다는 것을 이해하지 못하는 사람
만이 엄격한 형식을 가볍게 여긴다. 어떤 일의 형식보다는 정신이
중요하다는 말은 그대로 타당하다. 그러나 정신이 부재하는 형식이
무와 다를 바 없는 것처럼, 자신의 형식을 형성하지 못하는 정신 또
한 무력한 정신이다.

　여기에 제시된 일곱 가지 조건들은 이 길을 걷는 자에게 무한한
힘을 주어, 수행이 그에게 요구해 올 터인 다른 조건들에 응할 수 있
는 힘을 길러준다. 이 일곱 가지 조건이 충족되지 않은 상태에서 어
떤 새로운 요구가 주어지면, 수행자는 그 앞에서 망설이거나 주저앉
고 만다. 그리하여 수행에 필요한 인간에 대한 신뢰감도 잃고 말 것
이다. 진리를 추구하는 행위는 늘 이러한 신뢰와 인간애에 기초해야
한다. 신뢰와 인간애에 의해 노력이 가능하다는 말이 아니다. 혼의
내적 힘에서 일어나는 노력이 이런 신뢰와 인간애에 기초해야 한다

는 말이다. 그리하여 인간애는 나아가 모든 생물, 모든 존재에까지
확산되어야 한다. 조건을 충족시키려 하지 않는 사람들은 건설과 창
조를 향한 순수한 애정을 가질 수 없으며, 파괴와 파멸로 나아가려
는 욕망을 제어할 의지를 가질 수 없다. 어떤 경우에 있어서도 수행
자는 행위에 있어서나 언어, 감정, 사고에 있어서 파괴를 위한 파괴
를 거부해야 한다. 생성에 대한 기쁨을 잃어서는 안 된다. 그런 자세
를 통해 새로운 생명의 탄생을 촉발할 수 있을 때만, 파괴에 손을 뻗
칠 수 있다. 그렇다고 해서 부정이 만연하는 것을 그냥 보고 지나칠
수는 없다. 수행자는 부정한 일이라 하더라도 그것을 선한 방향으로
전화시킬 수 있는 계기를 발견하기 위해 노력해야 한다. 악의에 대
한 가장 좋은 전술이란, 선의의 실현이라는 것을 점점 선명하게 인
식하게 된다. 무에서는 아무것도 생성될 수 없지만, 불완전한 것은
보다 완전한 것으로 바뀔 수 있다. 수행자는 이것을 점점 이해해 간
다. 자신의 내부에 창조에 대한 열정을 기르는 자는 이윽고 부정한
것을 대하는 올바른 자세를 발견할 것이다. 이 길을 걷는 자는 수행
을 통해, 절대로 파괴행위로 나아가서는 안 된다. 비판이나 파괴의
의지가 아니라, 귀의와 창조를 향한 성실한 의지를 가져야 한다. 경
건한 삶의 태도를 가져야 한다. 왜냐하면 그는 미지의 것을 배우고
있기 때문에. 자신에게 마음을 열어주는 것들에 대해 경건한 눈길을
보내야 하는 것이다. 창조적인 활동과 경건한 태도, 이 둘을 존중하
는 것이 수행자가 추구하는 기본적인 감정이다. 때로 수행자는 아무

리 진실되게 노력하는데도 아무런 진보가 없다는 것을 고뇌한다. 그
러나 그것은 경건하다는 것과 노력한다는 것의 의미를 올바르게 이
해하지 못했기 때문에 일어나는 고뇌이다. 수행에서, 성공을 거두기
위한 노력이 성공을 가져다주는 법은 거의 없다. 경건한 태도가 없
는 수행은 더욱 그러하다. 성공에 대한 애정이 아니라, 노력에 대한
애정만이 진보를 촉진한다. 배움의 길에서 아무리 건전한 사고와 확
실한 판단을 위해 노력한다 해도, 그것 때문에 회의와 불신에 빠져,
경건함을 잃어서는 안 된다.

　무슨 말을 들을 때, 금방 거기에 관해 자기 의견을 말하려 하지 않
고 조용히 경건한 태도로 대한다고 해서, 그것이 노예적인 태도를
의미하지는 않는다. 무엇인가 깊은 인식을 획득한 사람은 그 인식이
제멋대로의 개인적인 판단에 의해서가 아니라, 조용히 경청하여 이
해한 결과라는 사실을 잘 알고 있다. 자신이 평가를 내릴 수 있는 일
을 새삼스럽게 배울 필요는 없는 것이다. 이것을 항상 염두에 두어
야 한다. 무슨 일에도 금방 판단을 내리고 마는 사람은 애초에 아무
것도 배우고 있지 않다. 이 길을 걷는 자에게는 배우는 행위가 전부
이다. 이해할 수 없는 일에 접하더라도 거기에 대해 부정적인 태도
를 취할 것이 아니라, 오히려 판단을 정지하는 것이 좋다. 이해를 미
래의 몫으로 남겨두는 것이다. 인식의 사다리를 높이 오르면 오를수
록, 이러한 조용하고도 경건한 경청의 자세가 필요하다. 영계에서의
인식행위, 거기에 동반되는 일체의 생활과 행동, 그것은 높이 오르

면 오를수록 물질계가 필요로 하는 통상의 인식능력과는 비교할 수
없을 정도로 미묘하고 섬세하다. 인간의 활동범위가 넓어지면 넓어
질수록, 그의 행위의 잣대는 미묘하고 섬세해진다. 따라서 고차의 영
역에 대해서 실로 다양한 "견해"와 "관점"이 있을 수 있다. 그러나
고차의 영역에서도 진리에 대해서는 단 하나의 견해밖에 없다. 이
단 하나의 견해를 가질 수 있으려면, 경건한 태도와 노력으로 진실
을 통찰할 수 있어야 한다. 충분한 준비도 없이 제멋대로 생각하고
판단하는 사람은 이러한 진실과는 동떨어진 견해에 도달하게 될 것
이다. 수학의 정리에 하나의 진리만이 있듯이, 고차세계의 사물에 관
해서도 같은 말이 가능하다. 하나의 진실한 견해에 도달하기 위해서
는 거기에 걸맞은 준비가 되어야 한다. 이렇게 생각해 볼 때, 이 길
을 걷는 자에게 제시되는 조건들이 그렇게 엉뚱하지만은 않다는 것
을 알 수 있을 것이다.

　진리도 고차의 생명도, 모든 사람의 혼에 내재해 있다. 각 개인은
그것을 스스로 발견할 수 있고, 또 발견해내야 한다. 그러나 그것은
혼의 깊이에 숨어 있어서, 많은 장애를 넘지 않으면 그 깊이에서 이
끌어낼 수 없다. 어떻게 그것을 끌어낼 수 있는가는 이 길에서 경험
을 축적한 사람만이 말할 수 있다. 영학은 그것에 대해 조언을 할 때,
결코 어떤 진리나 교의를 강제하지 않는다. 단지 길을 제시할 뿐이
다. 모든 사람은 이 길을, 몇 번의 윤회전생을 거듭한 끝에 혼자 힘
으로 발견할 수 있을 것이다. 그러나 수행을 통하여 영적으로 보다

빠른 진화를 촉진하기 위해, 우리는 서로 협력하여 일할 수 있는 지점에 이를 수 있다.

　이상으로 고차세계를 체험하는 데 필요한 사항들을 암시하였다. 다음에는 이 진화의 과정에서, 인간의 고차의 영역(혼의 조직, 즉 아스트랄체와 영적 부분=사고체)에서 무엇이 일어나는가를 말할 생각이다. 그렇게 하여 여기에 기술된 내용들은 새로운 빛을 받게 될 것이며, 그 빛 아래서 그것은 우리를 보다 깊은 의미의 세계로 이끌어줄 것이다.

영계입문의 영향

진실한 의미의 영학적 원칙에 따르면, 연구자는 언제나 명료한 의식을 가지고 수행에 임해야 한다. 무엇이 일어나는지도 모르면서 연구와 수행을 계속할 수는 없다. 이 길의 스승이 제자에게 조언과 지침을 부여할 때는 수행으로 배우는 자의 몸과 혼, 그리고 영에 무엇이 일어나는가를 반드시 설명해준다.

수행자의 혼에 일어나는 몇 가지 현상을 말해두도록 하자. 이것을 이해하는 자만이 명료한 의식을 잃지 않고 초감각적 인식을 위한 수행을 해나갈 수 있다. 그리고 그래야만 비로소 진실한 수행자일 수 있다. 암중모색은 수행에 있어 결코 바람직하지 않다. 눈을 크게 열고 자신의 길을 걸으려 하지 않는 사람은 영매적 방향으로 나아간다. 그런 사람은 영학적 의미에서 견자가 될 수 없다.

이런 의미에서 지금까지 말해온(명석한 의식을 잃지 않고 초감각적 세계를 인식하기 위한) 수행을 계속하면, "혼의 조직" 속에 변화가 나타난다. 이 혼의 조직은 견자에게만 지각된다. 이 조직은 어떤 의미에서, 영적이며 혼적인 빛을 발하는 구름과 같은 것으로, 그 중

심에 인간의 몸이 있다.* 이 조직 속에 충동, 욕망, 정념, 표상 등이
영적 현상으로 나타난다. 이를테면, 육욕은 암적색(暗赤色)의 빛을
방사하는 일정한 형상으로 감지된다. 고귀하며 순수한 사고내용은
적자색(赤紫色)의 빛을 방사한다. 논리적인 사색이 만들어내는 명확
한 개념은 윤곽이 매우 뚜렷한 황색의 형상으로 감지된다. 명석하지
않은 두뇌의 혼란스런 사고내용은 그 윤곽이 흐릿하다. 완고하고 고
루한 일방적인 사고방식은 윤곽이 무디고 움직임이 둔하다. 다른 사
람에 대해 마음을 열어두고 있는 사람의 사고내용은 변화하는 동적
인 윤곽을 나타낸다.**

　혼은 진화에 따라, 그 혼의 조직에 규칙적인 분절화가 일어난다.
혼의 활동이 아직 발달하지 않은 상태에 있는 인간의 경우, 이 조직
은 분절화되지 않은 어수선한 모양을 하고 있다. 그러나 명료한 분
절화가 이루어지지 않은 혼의 조직이라 하더라도, 그 주변은 뚜렷한
모양을 갖추고 있다. 그 구성체의 위치는 두개골 안에서 신체의 중
심부분에 이른다. 그것은 특정의 기관들을 가진 일종의 독립체로서

－－－－－－－－－－
　* 저자의 《신지학》에 이것에 관한 기술이 있다.
　** 이하의 모든 기술에는 다음과 같은 점들이 고려되어야 한다. 어떤 색
을 "본다"라는 것은 영시에 의한 "직관"을 의미한다. 영적 인식에서 "빨간색을 본다"라
는 것은 "나는 혼적, 영적인 것 속에서, 물질계의 빨간색의 인상에 상당하는 체험을 한
다"라는 의미이다. 견령능력에 대해 말할 때, 빨간색을 본다라는 식의 표현이 자연스럽
기 때문에 이렇게 말한 것이다. 이 점 확실히 해두지 않으면, 색채 환영을 진실한 견령
체험으로 오해하게 된다.

존재한다. 그 기관들은 다음과 같은 신체부분에서 영적으로 지각할 수 있다.

양미간에 있는 제1의 기관, 후두 부근의 제2의 기관, 심장 주변의 제3의 기관, 명치 주변의 제4의 기관, 하반신에 있는 제5, 6의 기관이다. 이러한 구성체를 "차크라(바퀴)" 또는 "연꽃"이라고도 한다. 그것이 바퀴나 수련꽃과 닮았기 때문이다. 그러나 이러한 표현은, 이를테면 좌우 폐를 "폐엽(肺葉)"이라 하는 것과 같다. 폐엽이 "잎"과 관계없는 것처럼, 그것 또한 단순한 비유 이상의 의미를 가지지 않는다. 이 "연꽃"은 영적으로 진화하지 않은 사람의 경우, 그 색깔이 어둡고 움직임이 없다. 그러나 견자의 그것은 찬란히 빛나는 색채의 명암을 가지고 있으며, 움직인다. 영매의 경우에도 같은 말을 할 수 있지만, 그 모습에는 상이점이 있다. 그러나 여기서는 더이상 깊이 들어가지 않겠다. 수행자가 수행을 시작하면 우선 이 연꽃이 빛나기 시작한다. 이윽고 회전하기에 이르면 견령능력이 나타난다. 즉 이러한 "꽃"은 혼의 감각기관인 셈이다. 그것이 회전한다는 것은 초감각적 세계에서 지각활동이 시작되었다는 것을 뜻한다. 그 누구도, 아스트랄체의 감각기관들이 이와 같은 방식으로 형성되기 이전에는 초감각적인 것을 볼 수 없다.*

후두 가까운 영적 감각기관에는 다른 혼적 존재의 사고내용이나

---

* "회전" 또는 "연꽃"과 같은 지각내용도 앞의 주에서 색채에 대해 말한 것이 그대로 적용된다.

존재방식을 영시하는 능력이 있다. 그것은 또 자연현상의 진실한 법칙들에 관한 깊은 통찰력을 가지고 있다. 심장 부근의 감각기관은 다른 혼이 지향하는 바를 인식한다. 이 기관을 개발한 사람은 동식물의 숨은 힘들을 인식할 수 있다. 명치 부근의 감각기관은 혼의 재능이나 능력을 인식한다. 이 기관으로 동물, 식물, 돌, 금속, 대기 등의 현상이 대자연의 운동 속에서 어떠한 역할을 하는가를 통찰할 수 있다.

후두 가까운 기관은 16개의 "연꽃잎" 또는 "바퀴살"을 가지고 있다. 심장 부근의 기관은 12개를, 명치 부근의 기관은 10개를 가지고 있다.

혼의 특정한 작용은 이러한 감각기관의 개발과 관련되어 있다. 따라서 이러한 혼의 작용을 특정한 방식으로 의식적으로 활용하면, 해당하는 영적 감각기관을 개발하기 위한 수행을 한 셈이 된다. 16장의 연꽃잎 가운데서 8장은 태고적에 이미 개발되었다. 당시 인간은 그것을 자연이 베풀어준 은혜에 의해, 어두운 몽환적인 의식상태 속에서 저절로 부여받은 것이다. 이 8장의 꽃잎은 당시의 의식발전 단계 속에서 활동하고 있었다. 그러나 그 활동은 당시의 어두운 의식상태에 대응한 것이었다. 그후 인간의 의식이 점차로 밝아짐에 따라 이 연꽃잎들은 거꾸로 어두워져, 마침내 그 활동을 정지하고 말았다. 지금 우리는 새롭게, 다른 8장의 연꽃잎을 의식적인 수행을 통하여 개발할 수가 있다. 그것이 가능해지면 16장의 연꽃잎 전체가 일시에 빛을 발하면서 활성화한다. 그 16장의 연꽃잎 전체가 활성화하면, 특정한 능력이 생긴다. 그러므로 단지 8장의 꽃잎만 활성화하면 된다. 그때 다른 8장은 저절로 활성화된다.

16장의 개발은 다음과 같은 방식으로 이루어진다. 보통때에는 관심을 기울이지 않았던 혼의 특정한 작용력에 대해 주의깊은 태도로 임한다. 이러한 혼의 작용은 8가지 종류로 나눌 수 있다.

1. 이념이나 개념을 획득하는 방식이다.

일반적으로 우리들은 그것을 우연에 맡기고 있다. 매일 여러 가지 사건들을 보고 들으면서, 그것을 기초로 하여 우리들은 여러 가지 개념을 만들어낸다. 이러한 방식으로 생활하는 한, 16장의 연꽃잎은 절대로 움직이지 않는다. 이것을 움직이게 하기 위해서는 의식적인 태도를 가져야 한다. 의식에 떠오르는 것에 주의를 기울여야 한다. 어떠한 이념이나 개념도 자신에게 의미를 가져야 한다. 거기에서 외계의 사물에 대한 특정한 정보를 발견해내야 한다. 의미 없이 표상에 만족해서는 안 된다. 자신이 소유한 그 모든 개념의 작용을 스스로 통어하여, 그것이 외계의 충실한 거울이 되게 해야 한다. 왜곡된 표상을 자신의 혼으로부터 멀리할 일이다.

2. 혼의 작용은 우리들의 결단에 관계한다.

아무리 사소한 일에 처해서라도, 충분히 검토한 후 근거

있는 관점을 가지고 결단을 내린다. 모든 분별없는 행동과 무의미한
행위를, 자신의 혼으로부터 물리친다. 모든 것에 대한 사려깊은 근
거를 가진다. 만일 충분한 근거를 발견할 수 없다면 그 자리에서 단
념한다.

3. 혼의 작용은 발언에 관계한다.

수행자의 입에서는 의미 있는 말이 흘러나와야 한다. 잡
담을 위한 담론은 그를 수행의 길에서 멀어지게 한다. 억측에 근거
한 여러 가지 화제를 생각나는 대로 주고받는 대화는 삼간다. 그렇
다고 해서 주위사람들과의 관계를 끊을 필요는 없다. 사람들과의 만
남을 통해서 자신의 발언을 의미있는 것으로 한다. 어떤 사람과도
대화를 나눈다.

4. 혼의 작용은 외적 행위에 절도를 갖추게 한다.

수행자는 이웃의 행동이나 분위기에 조화롭게 행동한다.
누군가의 일에 방해가 되거나 주위의 생활에 모순되는 행동은 자제
한다. 주위의 상황이나 자신의 생활환경 속에 자신을 조화롭게 참여
시키려고 노력한다. 자신에게 속하지 않은 무엇인가에 의해 행동이
촉발될 때에도, 어떻게 하면 그 요구에 가장 적절하게 응할 수 있을
까, 깊이 생각하고, 자신의 행동의 결과에 대해서도 숙고한다.

5. 혼의 작용은 생활 전체에 관계한다.

수행자는 자연과 정신의 법칙에 순응하여 생활한다. 무턱대고 성급해지거나 게을러지지 않는다. 과다하게 일을 하거나, 될 대로 되라는 식의 태도도 그에게서 멀어진다. 삶이란 노력하는 과정이라는 사고방식을 가진다. 또한 그런 관점에 따라 자신의 태도를 정한다. 건강관리나 습관 등에 유의하여, 조화로운 생활을 이끌어낸다.

6. 자기인식에 근거하여 행동한다.

수행자는 자기 능력의 범위를 결정하여 거기에 따라 행동한다. 자기 능력이 닿지 않는 일에는 손을 뻗치지 않는다. 그러나 능력이 미치는 한, 결코 중단하지 않는다. 그와 동시에 자신의 이상이나 의무와 관련된 생활목표를 설정한다. 수행자는 자신을 톱니바퀴로서 사회적 기구 속에 몰입시키는 것이 아니라, 일상적인 차원을 넘어선 저편에 존재하는 자신의 사명을 이해하려고 노력한다. 그리고 그 사명과 의무를 좀더 완벽하고 멋지게 수행하려고 노력한다.

7. 인생에서 가능한 한 많은 것을 배우려고 노력한다.

삶에 유용한 것이라면, 비록 그것이 아무리 사소한 것일지라도 무의미하게 곁을 스쳐지나치게 내버려두지 않는다. 불완전하고 잘못된 행위를 범했다 하더라도, 그 경험이, 유사한 일에 처했을 때 보다 정당하고 완전한 행위를 위한 계기가 되게 할 수 있다. 다

른 사람의 행위를 관찰할 때도, 그는 이러한 목표를 가지고 관찰한
다. 그는 경험이라는 귀중한 재산을 조금씩 축적하는 과정에서 그
경험을 끊임없는 반성의 재료로 삼는다. 어떤 결단을 내리거나 실행
할 때, 도움이 되는 체험내용을 존중하고 그것을 고려하면서 모든
일을 한다.

8. 신비수행자는 매순간 자신의 내면으로 눈을 돌린다.

자기 안에 깊이 들어가, 자기와 대화하고 자신에게 맞는
생활신조를 세우며, 자기를 음미하고, 경험적 지식에 사고를 침투시
켜, 자기의 의무를 숙고하며, 삶의 의의와 목적에 대하여 반성한다.
여기에 대해서는 이 책의 여러 곳에서 거듭 강조해 왔다. 16장의 연
꽃잎을 움직이게 하는 일과 관련하여, 다시 한 번 강조할 따름이다.
이와 같은 수행을 통하여 연꽃잎은 서서히 움직여 간다. 견령능력의
개발은 이 수행의 여부에 달려 있다. 사고하고 말하는 일이 외계의
사물과 현상에 일치하면 할수록, 이 능력은 한층 빠르게 개발된다.
허위의 사실을 사고하고 말하는 자는 16장의 연꽃잎을 그 싹부터 자
르는 일과 같다. 성실하고 솔직하며 공정한 태도는 그것을 촉진하며,
허위적이며 불성실하고 기만적인 행위는 파괴적으로 작용한다. "선
량한 의도"를 가져야 함은 물론이고, 그것을 실제 행위로 옮길 수 있
도록 노력해야 한다. 현실과 일치하지 않는 일을 사고하고 말하는
것은, 비록 그것이 선량한 의도에 의한 것이라고 스스로 믿고 있다

하더라도, 수행자의 영적 감각기관 속의 무엇인가를 파괴한다. 그것
은 마치 천진난만한 어린아이가 불을 잡으려다 화상을 입는 것과 같
다. 지금까지 논한 혼의 작용을 수행의 대상으로 삼을 때, 16장의 연
꽃잎은 아름다운 색채를 띠며 빛을 발하고 규칙적으로 움직이게 된
다. 그러나 견령능력은 혼이 어느 정도까지 성장하지 않으면 나타나
지 않는다. 그리고 자기 인생을 이러한 방향으로 이끌어가려고 노력
하는 동안에는 아직 이러한 능력은 나타나지 않는다. 지금까지 논한
혼의 작용에 주의를 기울이고 있는 동안은, 그것을 성숙한 혼이라
할 수 없다. 일상생활 속에서 습관적으로 행하는 일처럼 이러한 혼
의 작용을 일으킬 수 있을 때, 비로소 견령능력의 징후가 나타나는
것이다. 그때 혼의 이러한 작용은 이미 노력의 대상이 아니라, 당연
한 생활태도가 되어 있을 것이다. 어떻게 살아야 할지, 그는 방황하
지 않는다. 이미 그것은 습관화되어 있다. 이 16장의 연꽃잎을 눈뜨
게 하는 다른 행법(行法)도 있다. 그러나 그러한 행법은 한결같이 진
실한 영학의 길을 부정하는 것이다. 왜냐하면 그것이 건강을 해치고,
도덕적 타락을 가져오기 때문이다. 그러한 행법은 여기서 말하는 것
보다 실행하기가 쉽다. 여기서 말하는 행법은 시간이 걸리고 노력이
필요하다. 그러나 그것은 확실히 목표로 인도해주고 도덕적인 힘을
강화시킨다.

　연꽃잎을 불완전하게 개발하면, 비록 어떤 유의 건령능력이 생긴
다 하더라도, 그 능력은 주관적인 환상이나 공상과 객관적인 영적

체험의 차이를 구별하지 못할 뿐만 아니라, 일상생활을 미망에 빠뜨리고 절제를 잃게 한다. 이 경우 수행자는 겁이 많고 질투와 허영심이 강하며, 오만하고 아집에 가득 찬 사람이 되기 쉽다. 여태 그런 성격이 없었던 사람에게도 이런 현상이 일어난다. 16장 중의 8장은 이미 태고적에 개발되어 있으므로 수행에 의해 자연스럽게 활성화된다. 따라서 수행자의 노력은 다른 8장의 각성에 집중되어야 한다. 그 행법이 잘못된 형식을 취할 때, 태고적에 이미 개발되었던 부분만이 활성화되고, 새롭게 개발되어야만 할 8장은 잠든 상태 그대로 남아 있게 된다. 논리적 사고나 이성적 태도에 대해 너무도 무관심한 행법이 이러한 결과를 초래한다. 명석한 사고를 중요시하고 말이 통하는 사람이 되는 것이 수행자의 가장 중요한 조건이다. 대화를 나눌 때, 가능한 한 명료하게 이야기하려는 노력이 중요한 것도 이 때문이다. 초감각적 세계를 예감하기 시작하면, 사람들은 그것을 서슴없이 다른 사람에게 말하곤 한다. 그러나 그 때문에 그의 진보는 가로막힌다. 적게 말하면 적게 말할수록 좋다. 영적인 문제에 관해서는, 어느 정도까지 명료한 인식을 획득했을 때 비로소 다른 사람에게 말해야 한다. 처음으로 이 길의 지식을 배운 사람은, 자신의 체험내용을 이미 수행을 거친 사람에게 아무리 말해도 거의 아무런 "호기심"도 나타내지 않는 데에 놀랄 것이다. 수행자에게 가장 바람직한 태도는 자신의 체험내용에 대해 침묵하는 것, 수행이 얼마나 잘 되어 가는지, 어떠한 실패를 경험하더라도 침묵을 지키는 것이다.

왜냐하면 이미 수행을 거친 사람은 초심자가 그 자신에 대해 말하는 것과는 전혀 다른 방향에서, 그 진보의 상태를 평가하는 자료를 얻고 있기 때문이다. 16장의 연꽃잎 중 문제의 8장은 수행자 자신이 그것을 입밖으로 내는 행위로 인하여 점점 딱딱하게 굳어버린다. 수행자는 그것을 부드러운 상태로 유지해야 한다. 하나의 예를 들어보자. 이 문제의 본질을 구체적으로 파악하기 위해서, 초감각적인 생활보다는 일상생활에서 예를 들어보겠다. 내가 어떤 연락을 받고 금방 거기에 관한 어떤 판단을 내렸다고 하자. 그러나 잠시 후 처음 받은 연락사항과 모순되는 통지를 받았다고 한다면, 나는 처음에 내린 판단을 바꾸어야 한다. 이때 16장의 연꽃잎에 나쁜 영향이 미친다. 만일 처음부터 내가 판단을 유보하고, 그 일의 전체적 양상에 관해 내면적으로나 외부적으로나, 완전히 확실한 판단의 근거를 열을 때까지 "침묵"을 지켰다면, 연꽃잎은 전혀 다른 영향을 받았을 것이다. 마음속에서 판단을 내리거나 그것을 입밖으로 낼 때, 늘 신중한 것이 수행자의 특징이다. 그는 모든 일에 가능한 한 많은 판단자료를 수집하려는 태도를 길러간다. 그것을 통하여, 지금까지 그냥 자신의 곁을 스쳐지나가게 내버려두었던 인상들이나 경험들에 대한 감수성이 고양된다. 이러한 "신중한 태도"에 의해 연꽃잎은 청색이 깃든 적색, 또는 장미빛의 색조를 띠게 된다. 이러한 태도가 결여되어 있을 때, 암적색, 또는 주황색의 색조가 나타난다.

심장 부근의 12장의 연꽃잎 또한 후두 부근의 16장의 연꽃잎과 같은 방식으로 육성된다.* 이 경우에도 연꽃잎의 반은 이미 태고적에 활동하던 것이다. 따라서 이 6장은 수행으로 길러야 할 필요는 없다. 이 6장은 다른 6장이 활성화되면, 저절로 나타나서 회전하기 시작한다. 이 경우에도, 우리는 의식적으로 혼의 작용에 특정한 방향성을 주어야 한다.

각각의 혼적 기관이 지각하는 내용이 서로 다른 성격을 가진다는 사실을 확실히 알아두어야 한다. 12장의 연꽃잎은 16장의 연꽃잎과 다른 지각을 한다. 후자는 형태를 지각한다. 16장의 연꽃잎은 사고, 다른 존재의 정신 상태, 자연의 법칙들을 형태로 지각한다. 이 형태는 고정되고 움직이지 않는 모습이 아니라, 생명력에 가득 찬 움직이는 모습을 띤다. 이 감각을 개발하면 어떠한 사고, 어떠한 자연의 법칙이라 하더라도, 그것의 표현형식을 지적할 수 있다. 이를테면 복수심은 뾰족하고 삐죽삐죽한 화살 같은 모양을 띠고, 호의는 대체로 활짝 핀 꽃 모양을 하고 있다. 명료하고 풍부한 사고내용은 규칙적이며 균형잡히고 정돈된 모습으로 나타나고, 모호한 개념은 찌그러진 윤곽으로 나타난다.

---

* "16장의 연꽃잎"을 피우는 이러한 행법은, 붓다가 제자들에게 가르친 "8정도(八正道)"와 같은 내용이다. 그렇다고 해서 딱히 "불교"를 선교하려는 것은 아니다. 영학 그 자체가 필요로 하는 수행의 조건을 논한 것일 뿐이다. 붓다의 가르침과 일치한다는 것이, 불교를 믿지 않는 사람에게, 가르침 그 자체의 진실성을 부정하는 근거가 될 수 없다.

12장의 연꽃잎은 이것과는 전혀 다르게 지각한다. 혼이 따스하다든지 차갑다와 같은 비유적으로 표현할 수 있는 그런 지각이다. 이러한 지각능력을 가진 영능력자는 16장의 연꽃잎으로 지각하는 형태에서 이 같은 혼의 따스함이나 차가움 같은 것이 흘러나오는 것을 느낄 수 있다. 다음과 같이 생각해 보자. 어떤 영능력자가 16장의 연꽃잎만 개발하고, 12장의 연꽃잎은 개발하지 않았다고 하자. 그러면 호의적인 상념에 대해서, 어떤 형태만을 보게 될 것이다. 만일 두 개의 연꽃잎을 함께 개발했다면, 혼의 따스함이라 할 수 있는 상념의 흐름도 느낄 수 있을 것이다. 그러나 수행에서 하나의 감각만이 다른 감각과 무관하게 개발되는 일은 결코 없다. 따라서 지금 든 예는 사실을 명확히 설명하기 위한 방편에 지나지 않는다. 12장의 연꽃잎이 개발되면, 자연의 운동에 관해서도 깊은 이해력을 가진다. 생장과 발육에 관계하는 모든 현상에서 따스한 기운이 흘러나오고, 쇠퇴와 파멸, 몰락에서는 차가운 기운이 흘러나온다. 이러한 감각을 기르는 데에는 다음과 같은 수행이 필요하다.

제1의 수행—사고의 제어(사고내용의 컨트롤).

16장의 연꽃잎이 올바르고 의의있는 사고내용을 통하여 개발되듯이, 12장의 연꽃잎은 사고의 흐름을 내적으로 지배하는 행위를 통하여 개발된다. 질서정연하고 논리적인 사고를 하지 않고 제멋대로 나타나는 도깨비불 같은 사고를 한다면, 연꽃잎은 눈뜨지 못한다. 하나의 사고내용이 다른 사고내용으로부터 논리적으로 전개되고, 비논리적인 연계성이 배제되면 될수록 이 감각기관은 보다 완전한 모습을 띠게 된다. 비논리적인 사고가 일어날 때, 즉시 거기에 올바른 논리적인 관계를 부여할 수 있도록 수행한다. 그렇다고 해서, 자신의 사고력을 촉진시키기 위해, 비논리적인 성향을 가진 주위 사람들에게 냉담한 눈길을 던져서는 안 된다. 주변에서 횡행되는 비논리적인 태도를 즉시에 교정하고자 하는 충동이 필요한 건 아니다. 오히려 외부에서 다가오는 여러 가지 상념에 대하여, 조용히 자신의 마음속으로, 거기에 논리와 의미있는 방향성을 부여하면 되는 것이다. 자기 스스로가 만들어내는 상념에 대해서도 늘 이러한 방향 설정을 하도록 노력할 일이다.

제2의 수행—자신의 행위에 대해서도 논리적 일관성을 부여한다(행동의 컨트롤).

불안정하고 조화롭지 못한 태도로 행동하는 것은 연꽃잎을 해친다. 무엇인가를 행할 때, 이어지는 행위가 앞선 행위에 대해 논리적 일관성을 가지도록 한다. 어제 한 행위와 오늘의 행위가 전혀 다를 때, 이러한 감각은 결코 형성될 수 없다.

제3의 수행—지속력의 강화이다.

이런저런 영향 때문에, 수행자는 자신이 타당하다고 생각

하는 목표에서 멀어져서는 안 된다. 장애는 그것을 극복하라는 요구
이다. 결코, 실천을 포기하게 하는 동기가 아니다.

제4의 수행—인간과 다른 생명, 그리고 사물에 대한 관용(인내)의 행이다.

　　수행자는 불완전한 것, 사악한 것, 부정한 것에 대해 불필
요한 비판을 하지 않는다. 자신에게 다가오는 모든 것을 이해하려고
노력한다. 태양이 부정한 것이나 사악한 것에도 두루두루 그 빛을
던지듯이, 수행자는 어떤 것에 대해서도 이해심을 가져야 한다. 어
떤 불유쾌한 일을 당했다 하더라도, 거기에 대해 부정적인 판단을
내리는 것이 아니라, 거기에 내포되어 있는 필연적인 부분을 수용하
고, 힘이 닿는 한 그것을 좋은 방향으로 이끌어가도록 노력한다. 자
신과는 다른 의견에 대해서도, 자신의 입장만으로 그것을 고찰하지
않고 상대의 관점에서 생각하려고 힘쓴다.

제5의 수행—모든 일에 대해 덤덤한 태도를 가진다.

　　"신용" 또는 "신뢰"의 행이라 할 수 있다. 수행자는 어떤
사람이나 어떤 존재에 대해서도 신뢰감으로 대하고 믿음으로 행동
한다. 어떤 정보가 주어졌을 때, "그런 건 믿을 수 없어" 또는 "그건
이치에 맞지도 않아"라는 식으로 생각하지 않는다. 오히려 어떠한
순간에도, 자신의 견해를 새로운 경험에 비추어 음미하고, 교정하려

는 마음가짐을 가진다. 그리고 자신에게 다가오는 모든 것에 늘 마음을 열고, 자신의 행위에 대해 스스로 그 유효성을 믿는다. 삶에서 모든 회의와 망설임을 물리친다. 어떤 의도를 가질 때는, 그 의도하는 힘을 믿는다. 몇백 번 실패를 거듭하더라도 그 신념을 잃지 않는다. 이러한 태도가 바로, "산이라도 움직일 수 있는 신념"에 다름 아니다.

제6의 수행:내적 균형을 획득한다.

어떤 고통이나 어떤 기쁨에 처해서도, 평정한 마음을 유지하려고 노력한다. "하늘로 오를 듯한 환희와 죽고 싶을 정도의 절망"(괴테의 《파우스트》) 사이를 동요하는 습관을 버린다. 불행이나 위험에 처해서도, 행운이나 성공에 대한 것과 똑같은 마음가짐을 가진다.

이것이 "6개의 행"이다. 영계에 입문하고자 하는 자는 이것을 행해야 한다. 영적 기관인 12장의 연꽃잎과 관련하여 이것을 논하였다. 이 연꽃잎을 개발하는 특수한 행법도 있다. 그러나 어떤 경우에 있어서도, 영적 감각기관을 올바르게 형성하려면, 지금 설명한 혼의 미덕을 지켜야 한다. 이 점을 확실히 하지 않으면, 영적 기관은 비뚤어진 모습으로 형성되어, 혼이 선을 향하기보다는 악으로 향할 위험에 빠지게 될 것이다. 그렇게 되면, 그는 주위환경에 짜증스러워지고 관용심이 없어지며, 다른 사람의 혼이 요구하는 바에 너무 민감해져서, 그것을 무시해 버리거나 증오하는 경향을 나타낸다. 그리고 마침내 자신의 기분에 맞지 않는 생각이나 감정에 조우하게 되면 마음이 냉혹해질 것이며, 상대방의 말에 귀를 기울일 수 없게 되고 불편한 마음을 품게 될 것이다.

　이러한 내용에, 스승에서 제자에게 구전으로 전수되는 특정의 행법이 결합되면, 연꽃잎은 더 빨리 눈을 뜰 것이다. 여기에서 논한 행법은 어떤 경우에도 진정한 수행으로 우리를 인도한다. 더욱이 수행을 철저히 행하려는 생각이 없는 사람이나, 그런 생각은 가지고 있지만 잘되지 않는 사람에게도, 이 행법은 인생을 충만하게 해줄 것이다. 왜냐하면 그것이 비록 많은 시간과 노력을 요구한다 하더라도, 반드시 혼의 조직에 좋은 영향을 끼치기 때문이다. 이 길을 걷는 자는 반드시 이러한 원칙을 지켜야 한다. 이러한 원칙을 지키려는 의지도 없이 이 길을 걸으려 하는 사람은 불완전한 인식의 눈으로 영계에 입문하게 되어, 진실을 인식하는 대신에 환상과 환각에 사로잡힐 것이다. 이 또한, 어떤 유의 영능력자라 할 수 있겠지만, 그러나 사실은 이전보다 훨씬 더 눈먼 자가 되어 있다. 왜냐하면 이전의 그는 적어도 감각세계 속에 견실하게 자리를 잡고, 삶의 바탕을 마련하고 있었다. 그러나 지금, 그는 어설프게 감각세계를 벗어난데다 초감각 세계에도 기반을 가지지 못할 뿐 아니라, 감각세계조차 뭐가 뭔지 모르는 상태에 빠져버린 것이다. 이렇게 되면 무엇이 진실이고 무엇이 허위인지 구별할 수 없을 뿐만 아니라, 삶의 방향감각도 완전히 잃어버리고 만다. 바로 이러한 이유에서, 인내심이 수행에 무엇보다 소중한 인간적 미덕이 되는 것이다. "연꽃잎"을 올바르게 피우려는 의지를 끈기있게 유지할 수 있는 사람에게만, 특수한 영학의 가르침이 주어진다. 이 점을 늘 마음에 담아두어야 한다. 천천히, 그리고 적절한 형식을 가지기도 전에 일찍 피어버린 연꽃은 하나의 희화에 지나지 않는다. 왜냐하면 특수한 행법은 연꽃을 피어나게 할 수는 있지만, 그 꽃의 올바른 형상은 만들어낼 수 없기 때문이다. 올바른 형상은 지금까지 논한 삶의 태도에 의해서만 생성될 수 있다.

10장의 연꽃잎의 개화는 특히 섬세하고 미묘하다.

감각적 인상 그 자체를 의식적으로 지배할 수 있어야 한다. 견령 능력이 나타나기 시작했을 때, 이 행법은 특별히 중요한 의미를 가진다. 이 행을 통해서만 우리는 무수한 환상을 만들어내는 영적 자의성의 원천을 제어할 수 있다. 일반적으로 사람들은 자신의 착상이나 기억이 어떤 과정을 거쳐 생겨나는지, 무엇이 그것을 규정하는지에 대해 아무것도 모르고 있다. 다음과 같은 경우를 상정해 보자. 누군가가 열차를 탄다. 그는 어떤 문제로 골치를 썩고 있다. 갑자기 그의 사고는 다른 방향으로 나아간다. 수년 전의 어떤 체험을 떠올리고, 그것을 지금의 상념과 결부시킨다. 그러나 그때 차창 밖으로 펼쳐지는 풍경에서 예전의 체험에서 중요한 역할을 했던 어떤 사람과 닮은 모습을 보았다는 사실에, 그는 전혀 주의하지 못하고 있다.

창을 통해 바라본 사람의 모습을 전혀 의식하지 못한 채, 단지 그 연상의 결과만이 의식에 남은 것이다. 따라서 그는 "자연히 기억해 냈다"고 믿는다. 얼마나 많은 이러한 "착상"이 까닭도 알 수 없이 우리들의 일상에 작용하고 있는지 모른다. 그 관련성을 의식하지 않은 채, 예전의 경험이 얼마나 우리 생활에 깊이 작용하고 있는지 모른다. 예를 들어 어떤 사람이 어떤 색만 보면 혐오감을 느낀다고 하자. 왜 그런지 그 자신은 의식할 수 없었지만, 옛날 그를 괴롭힌 선생이 그 색깔의 양복을 입었다. 무수한 착각이 이러한 연계성으로 일어난다. 많은 일들이 의식화되지 않은 채 우리들에게 작용해 온다. 그 결과 다음과 같은 경우가 생겨날 수 있다. 누군가가 어느 저명인사의 죽음을 신문을 통해 알게 된다. 그는 확신을 가지고, 자신은 이 죽음을 이미 "어제" 예감하고 있었다고 믿는다. 그러나 그는 그 예감을 일으킬 만한 어떠한 정보도 보거나 듣지 못했다, 라고 주장한다고 하자. "어제" 그 사람이 죽을 것이라는 생각이 "저절로" 그의 마음속에서 솟아오른 것은 사실이다. 단지 그는 하나의 사소한 일에 주의하지 않고 있다. 그는 어제 그러한 생각이 마음속에 떠오르기 몇 시간 전에, 어떤 사람을 방문하고 있었다. 그 집의 테이블 위에는 신문이 한 장 놓여 있었다. 그는 그 신문을 보지 않았지만, 그의 눈은 무의식적으로 그 사람이 중병에 걸려 있다는 기사를 보고 있었던 것이다. 그 인상이 의식의 표면으로 올라오지 않았다 하더라도, 그 "예감"은 그것의 결과였던 것이다.

이와 같은 예들을 잘 생각해 보면, 환상이나 공상의 유출구가 어디에 있는지 이해할 수 있을 것이다. 10장의 연꽃잎을 개발하려는 사람은 이 통로를 봉쇄하지 않으면 안 된다. 왜냐하면 마음의 심층에 있는 혼의 특성을 자각하게 하는 이 연꽃잎은, 위에서 말한 환상이나 공상으로부터 완전히 자유롭게 된 이후에야 비로소 진실을 체험시켜 주기 때문이다. 그러기 위해서는 외부에서 작용해 오는 인상을 자유롭게 지배할 수 있어야 한다. 받아들이고 싶지 않은 인상은 받아들이지 말아야 하는 것이다. 이 같은 능력은 집중된 내면생활을 통해서만 획득될 수 있다. 주의를 기울일 가치가 있는 일에만 의식을 작용시키고, 받아들이고 싶지 않은 인상에 대해서는 자유로울 수 있도록 자신의 의지를 단련시켜야 한다. 혼의 힘이 강해지고 활발해지면 활발해질수록, 이러한 능력을 획득하기 쉽다. 따라서 이 길을 걷는 자는 아무런 생각도 없이 이런저런 일들을 보고 듣는 태도를 버려야 한다. 자신이 보고 듣고 싶어하는 것만이 거기에 존재해야 하는 것이다. 어떤 소음의 한복판에 서 있다 하더라도, 아무것도 듣지 않을 수 있을 정도로 의지의 힘을 길러야 한다. 딱히 볼 마음이 없을 때는, 눈이 아무것도 느끼지 않은 채 지나칠 수 있어야 한다. 무의식이 수용하는 모든 인상에 대하여, 자신의 혼을 무장해 두어야 한다. 특히 사고행위 그 자체에 대하여, 이와 같은 방향에서 주의력을 강화시켜야 한다. 어떤 일을 생각할 때, 완전히 의식적으로, 또한 그 무엇에도 걸림이 없이, 오로지 이 사고내용에 관련된 것만을 생각할 수 있도록 노력한다. 제멋대로 솟구치는 억측들을 물리치고, 아무 관계도 없는 내용들이 지금의 사고에 결합될 때는 언제 어디서 이러한 연결이 이루어졌는지를 주의깊게 반성한다. 이러한 자세를 더 앞으로 밀고 나간다. 이를테면 어떤 일에 반감을 품게 되었을 때, 우선 그 반감을 극복한 후에, 그 일에 대해 의식적인 관계를 만들어 나가려고 노력한다. 그리하여 무의식적인 요소가 혼의 운동 속에 침투하지 못하게 한다. 이렇게 엄격한 자기 훈련을 통해서만 10장의 연꽃잎은 올바른 모양을 가질 수 있다. 혼의 운동 중에서도 특히 집중력이 점점 중요해진다. 그리고 주의력을 행사할 필요가 없을 경우엔 정말로 아무런 인상을 받지 않고 지나갈 수 있어야 하는 것이다.

영학의 행법에서 가르치는 명상이 이러한 자기훈련과 결합하면, 명치 부근에 위치한 연꽃잎이 올바르게 피어난다. 그리고 지금까지 말한 두 가지 영적 기관에 형태와 열로 나타났던 대상들이, 영적인 빛과 색으로 나타난다. 그 결과, 타인의 재능이나 능력, 자연의 숨겨진 특성이나 힘이 스스로 그 자신을 밝게 드러낸다. 풍성한 색채에 둘러싸인 생명체의 오라가 보인다. 바로 그때, 우리들 주위의 사물들은 제각기 자신의 아스트랄적인 특성을 스스럼없이 드러내는 것이다. 수행의 바로 이 단계에서 가능한 한 최대의 배려가 필요하다. 왜냐하면 의식의 통제를 벗어난 기억의 춤이 이 시점에서 끝없이 활발해지기 때문이다. 만일 이런 일이 없다면, 많은 사람들이 지금 바로 영적 감각을 소유할 수 있다. 외적 감각 인상을 완벽하게 지배할 수 있고, 우리의 주의력이 그 인상을 자유롭게 처리할 수 있다면, 영적 감각은 지금 여기에 나타날 것이다. 외적 감각의 힘이 혼의 감각을 억압하고 질식시키고 있다. 이 억압을 물리치지 않는 한, 혼의 감각은 제대로 움직일 수 없다.

　복부에 있는 6장의 연꽃잎을 개발하는 일은 다른 연꽃잎을 개발하는 것보다 더욱 어렵다. 왜냐하면 6장의 연꽃을 개화시키기 위해서는 완전히 의식적으로 자기 존재 전체를 지배하지 않으면 안 되기 때문이다. 영과 혼과 육체를 완전히 조화롭게 해야 한다. 육체의 존재방식, 혼의 욕구나 감정, 영의 이념이나 사고가 서로 완벽하게 일치해야 한다. 육체는 고귀하고 순수해야 하며, 육체의 모든 기관들은 혼과 영의 필요에 응하기 위해서만 기능해야 하고, 혼 역시 고귀하고 순수한 사고에 모순되는 욕망이나 정열에 사로잡혀서는 안 된다. 한편 영도 노예 감독관처럼 혼에 대해 규칙이나 의무만을 강제하는 것이 아니라, 혼이 자신의 자유로운 요구에서 비롯하는 의무나 명령만 따르도록 해야 한다. 그 의무 또한, 선뜻 내키지 않는 명령처럼 수행자의 의식을 억누르는 것이 아닌, 행하는 것 자체가 즐거움이 될 수 있는 일이어야 한다. 수행자는 관능과 영성 사이에서 균형을 유지하는 자유로운 혼을 길러야 한다. 마음놓고 자신의 관능에 몸을 내맡길 수 있을 만큼 그것을 순화하여, 그것이 이미 자신을 타락시킬 수 있는 힘이 될 수 없도록 해두어야 한다. 불타오르는 정열도 저절로 올바른 길로 나아갈 수 있을 정도로 만들어두어야 한다.

자신의 정욕을 억압할 필요가 있을 동안은, 아직 수행자로서의 적절한 경지에 이르렀다고 할 수 없다. 강제의 대상으로 삼을 수밖에 없는 일은 수행자에게 어떤 가치도 없는 일이다. 어떤 욕망이 아직 살아 있는 한, 비록 그것을 제어하려고 아무리 노력한다 하더라도 그 욕망에 의해 수행의 길은 가로막힌다. 그 욕망이 육체에서 나오건 혼에서 나오건, 마찬가지다. 누군가가 향락을 멀리하여 자신을 정화하기 위해, 그렇게 즐기던 술을 끊었다고 하자. 이 경우, 통제에 의해 육체에 어떤 부담도 느끼지 않을 때에 한해서, 이 행위는 유효하다. 만일 부담을 느낀다면, 육체는 아직 그 기호품을 욕망하고 있기 때문에, 이 절제는 어떤 가치도 없다. 이때에는 노력의 목표를 일단 포기하고, 보다 감각적으로 은총받은 상황—아마도 내세에—이 주어질 때를 기다리는 것이 좋다. 어떤 경우에는 합리적인 포기가 지금의 처지에서는 이룰 수 없는 일을 달성하려고 노력하는 것보다 훨씬 큰 성과를 가져다주고, 혼의 진화를 한층 촉진할 수 있다.

　6장의 연꽃잎이 피어나면, 초감각적 세계의 존재와 대화가 가능하다. 그렇다 하더라도, 그 초감각적 세계의 존재가 스스로 인간의 혼계 속에 자신을 나타낼 때에 한한다. 수행자가 자신의 영을 고양시키는 수행을 깊이 행하기도 전에, 이 연꽃잎을 피어나게 하는 것은 결코 바람직하지 않다. 본래의 영계 입문은 다른 연꽃잎들의 개화가 따라야 한다. 그렇지 못한 수행자는 볼 수는 있지만, 본 것을 올바르게 해석할 수 없기 때문에 불안과 혼란에 빠질 것이다. 그러나 6장

의 연꽃잎을 개화시키는 데에 필요한 이상의 행법 속에는 이러한 혼
란과 불안에 대한 어떤 방어 기제가 포함되어 있다. 왜냐하면 감각
(몸), 정열(혼), 이념(영)의 완전한 균형을 이룰 수 있다면, 어지간한
일이 아니고서는 혼란이나 불안에 빠지지는 않을 터이기 때문이다.
그렇지만 만일 6장의 연꽃잎의 개화를 통하여 물질계와는 전혀 다른
세계의 독립된 살아 있는 생명체가 나타나면, 이러한 안전장치만으
로는 충분하다고 할 수 없다. 그 세계에서 확실한 기반을 얻기 위해
서는, 연꽃잎을 개발하는 것만으로는 불충분하므로 보다 고차의 기
관들을 사용할 수 있어야 한다.

　이제 지금까지 말한 것과는 다른 연꽃잎과 혼체(아스트랄체)의 기
관에 대해 말해야겠다.*

　지금까지 서술한 아스트랄체의 개발은 초감각적 현상을 지각하는
능력을 준다. 그러나 초감각적 세계 속에서 진실로 올바른 시야를
얻기 위해서는, 이 단계에 머물러서는 안 된다. 다른 연꽃잎들을 피
어나게 하는 것만으로는 충분하지 않다. 그는 자신의 영적 기관들의
활동을 스스로 완벽하게 제어하고 지배할 수 있어야 한다. 그렇지
않으면 외부에서 작용해 오는 힘들에 동요될 것이다. 그것을 피하려

---

　* "혼체"와 같은 표현(그 외 이와 같은 유의 영학의 표현)을 문자 그대로
해석하면, 거기에 모순이 있다는 것은 너무도 당연하다. 그러나 물질 속에서 형체를 지
각하는 것처럼, 영적 세계 속에서 견령적 인식이 형체를 지각하기 때문에 이러한 표현
을 사용하는 것이다.

면, "내적인 언어"를 들을 수 있는 능력을 지녀야 한다. 때문에 우리
는 아스트랄체뿐만 아니라, 에테르체도 개발하지 않으면 안 된다. 에
테르체란 영능력자의 시각에 나타나는 영묘한 신체이다. 그것은 육
체와 아스트랄체의 중간단계에 속한다.* 견령 능력을 가진 사람은
의식을 완전히 유지하면서, 자기 암시적으로 눈앞에 있는 인간의 육
체를 지워버릴 수 있다. 이것은 낮은 단계의 행법에서, 고차적인 집
중력에 속하는 것이라 할 수 있다. 눈앞의 사물에서 주의력을 다른
곳으로 돌리면 그의 의식에서 그 존재가 사라져버리는 것처럼, 견자
는 눈앞의 사물을 지각에서 완전히 지워버림으로써, 그 대상을 물질
적으로 완전히 투명화시킬 수 있다. 그가 눈앞에 있는 사람에 대해
이러한 태도를 취할 때, 그의 영안에는 이른바 에테르체가, 그리고
나아가 그것보다는 훨씬 넓은 범위의 퍼짐성을 가진 육체와 에테르
체에 침투해 있는 아스트랄체가 보이는 것이다. 에테르체는 육체와
거의 같은 크기의 윤곽을 가지고, 육체가 점하는 것과 같은 공간에
위치하고 있다. 그것은 극도로 섬세하고 미묘한 유기적 조직이다.**
에테르체의 기본색은 무지개의 7색에는 포함되지 않는 색이다. 그것
은 감각적으로는 전혀 존재하지 않는 색이며, 피어나기 시작한 복숭

---

* 《신지학》 참조.

** "에테르체"라는 표현이 낯설게 느껴질 것이다. "에테르"라는 말은 오
로지 구성체의 미묘한 성질을 암시하기 위하여 사용했을 뿐이다. 물리학적인 가설에 사
용되는 "에테르"라는 개념과 관계지을 필요는 전혀 없다.

아꽃 색에 비할 수 있을 것이다. 만일 에테르체만을 관찰하려 한다면, 지금 말한 것과 같은 집중력의 훈련을 통하여 아스트랄체조차 시야로부터 지워버려야 한다. 그렇지 않을 때의 에테르체는 그 전체에 침투되어 있는 아스트랄체의 영향 때문에 끊임없이 변화하는 모습으로 나타난다.

에테르체의 각 부분은 끊임없이 활동하고 있다. 무수한 흐름이 에테르체를 모든 방향으로 이끌어가고 있다. 인체는 이 같은 흐름을 통하여, 그 생명활동을 유지하고 제어하고 있다. 모든 생물은 이 같은 에테르체를 가지고 있다. 그뿐 아니라 주의깊게 관찰하면, 광물에서조차 에테르체의 흔적을 발견할 수 있다. 위에서 말한 흐름이나 운동은 일반적으로 인간의 의식이나 의지에 대하여 완전히 자율적이다. 우리 몸의 심장이나 위장이 자율적인 것과 마찬가지로. 초감각적 능력을 획득하기 위한 에테르체의 개발이 이루어지기까지, 이러한 자율적인 상태는 존속된다. 그리고 에테르체의 이러한 자율적인 흐름이나 운동에, 의식적으로 컨트롤할 수 있는 흐름이나 운동을 부여할 수 있는 행위야말로, 여기서 다루고 있는 수행단계에서 필요한 영적 행법의 과제이다.

앞에서 서술한 연꽃잎들이 움직이기 시작하는 단계까지 수행을 쌓은 자는, 어느 정도까지 에테르체 속에 특정의 흐름이나 운동을 불러일으킬 수 있다. 이 단계에서는, 심장 주변에 일종의 중심점을 만들어 거기에서 영적으로 다채로운 색이나 형체를 가진 흐름이나 운동이 나타나게 해야 한다. 이 중심점은 실제로 점이 아니라 매우 복잡한 구조를 가진 조직으로, 놀라운 기관이다. 그것은 영적으로 가능한 모든 종류의 색채를 띠면서 빛나고 있고, 그 규칙적인 형태는 급속하게 변화한다. 그리고 이 기관에서 신체의 각 부분들로, 나아가 신체의 범위를 넘어선 데까지, 색과 형태의 흐름이 퍼져간다. 그것들은 아스트랄체 전체를 꿰뚫으면서, 아스트랄체를 빛나게 한다. 이 흐름의 가장 중요한 부분들은 다른 연꽃잎 속까지 침투하고 있다. 그것들은 연꽃잎 하나하나를 꿰뚫으면서, 연꽃잎의 회전을 제어한다. 더욱이 그것들은 꽃잎의 끝에서 밖으로 흘러나와 공간 속에서 사라져간다. 그 사람이 진화하면 할수록, 이러한 흐름이 미치는 범위는 커진다.

특히 이 중심점과 밀접하게 관련되는 것이 12장의 연꽃잎이다. 여러 갈래의 흐름은 우선 이 연꽃잎의 중심으로 들어가서, 거기에서 한편으로는 16장의 연꽃잎과 2장의 연꽃잎으로, 다른 한편에서는 10장, 6장, 4장의 연꽃잎으로 하강해 간다. 이러한 흐름을 생각해볼 때, 왜 12장의 연꽃잎의 개화에 수행자가 특별히 주의를 기울여야 하는지를 이해할 수 있을 것이다. 만일 이 부분에 결함이 생기면, 연꽃잎들 상호간의 구조 전체가 부자연스럽게 형성될 것이다. 이상의 점들을 감안할 때, 수행이 얼마나 섬세하고 미묘한 양상을 띠고 있는지, 영적 능력 전체를 올바르게 육성하기 위해서 수행과정이 얼마나 정확하게 진행되어야 하는지를 이해할 수 있을 것이다. 이 길을 걸으

려 하는 사람에 대해서, 자신이 경험한 행법만을, 나아가 자신이 제
시하는 행법이 완벽하게 수행자를 올바른 결과로 인도할 수 있는가
없는가를 판단할 수 있는 사람만이 가르침을 펼 수 있다는 원칙은,
이러한 점들을 고려할 때 너무도 당연하다.

이 길을 걷는 사람은 자신의 에테르체 속에 인간세계의 진화와 법
칙에 대해 조화롭게 작용하는 운동이나 흐름을 일으킬 수 있다. 행
법은 언제나 세계진화의 위대한 법칙의 모상이다. 앞에서 말한 명상
이나 집중은 바로 이러한 행이며, 그것을 올바르게 실천한다면 이
같은 결과를 얻을 수 있을 것이다. 수행자는 하루 중 특정한 시간을
선택하여, 그 짧은 시간 동안에, 혼 속으로 행의 내용을 집중적으로
침투시켜, 내면을 완전히 그 내용으로 가득 채워야 한다. 우선 단순
한 내용에서부터 시작한다. 지적 사고력을 심화시키고, 내면화시키
기에 적합한 내용을 선택한다. 그리하여 사고는 모든 감각적 인상이
나 경험에서 자유로워지고 독립한다. 사고는 수행자 자신이 장악하
고 있는 한 점에 집중된다. 이것에 의해 에테르체의 흐름에 관계하
는 하나의 잠정적인 중심점이 만들어진다.

처음에 이 중심점은 심장 주변이 아니라 두부에 위치한다. 영능력
자는 이 부분에서 에테르체의 흐름의 출발점을 볼 것이다. 처음에
이런 중심점을 만들지 못하면, 어떤 성취도 이룰 수 없다. 처음부터
심장 주변에 중심점을 만들고, 견령능력을 얻은 수행자는 영계를 엿
볼 수는 있겠지만, 영계와 감각세계의 관계를 올바르게 통찰할 수

없다. 올바른 통찰이야말로, 인류의 의식의 진화에서 현단계를 살아
가는 우리들에게 무조건적으로 필요한 일이다. 영능력자가 몽상가여
서는 안 된다. 이 땅에 단단히 뿌리를 내리지 않으면 안 된다.

두부에 조성된 중심점은 확실한 모양을 형성한 이후, 밑으로 내려
와 후두부 주변에 머무르게 된다. 이러한 전이는 집중의 행을 계속
함으로써 달성된다. 이때 에테르체의 흐름은 이 부분에서 비추어져
나온다. 이 흐름은 그 사람 주위의 혼적 공간을 비추어낸다.

행이 진전함에 따라 수행자는 에테르체의 존재방식 그 자체를, 스
스로의 힘으로 규정할 수 있다. 지금까지는 외부에서 다가오는 힘과
육체에 유래하는 힘에 의존하고 있었다. 그러나 수행자는 이 행에
의해, 모든 방향으로 에테르체를 흐르게 할 수 있다. 이 흐름은 거의
양손을 따라 움직이고 있으며, 양미간에 있는 2장의 연꽃잎에 그 중
심점을 가지고 있다. 이러한 일들은 모두, 후두부의 중심점에서 생
성되는 흐름이 둥그런 모양을 만들어냄으로써 실현되는 것이다. 이
와 같은 둥그런 모양을 한 몇몇 흐름이, 2장의 연꽃잎에 도달하여 거
기에서 물결치듯이 양손을 따라 길을 만들면서 흐르는 것이다. 후두
부에서 비롯하는 흐름은 다음과 같은 방식으로 나타난다. 이 흐름은
이루 말할 수 없을 정도로 섬세하고 복잡한 가지로 나누어져, 마침
내 에테르체 전체를 감싸는 그물로 변화한다. 지금까지 에테르체는
외부와 확실히 구분되는 경계선을 짓지 못하여, 인체의 생명적 흐름
이 직접적으로 광대한 우주생명의 바다로 흘러나가거나, 또는 거기

에서 흘러들어오거나 하였다. 지금은 외계에서 가해 오는 작용이 이렇게 형성된 일종의 막을 통과해야 한다. 그 결과, 수행자는 외부의 에테르체의 흐름에 대하여 예민한 감수성을 가진다. 즉, 이 흐름을 지각할 수 있는 것이다. 그리고 유동하는 에테르체 조직 전체의 중심점이 심장부로 옮겨진다. 이것은 거듭되는 집중과 명상의 행으로 이루어진다. 그와 동시에, 이른바 "내적 언어"를 이해할 수 있는 단계에 도달한다. 일체의 사물이 새로운 의미를 가지게 된다. 일체의 사물의 내적 본질이 영적으로 들려오게 되는 것이다. 사물의 본질이 수행자에게 말을 걸어온다. 전술한 흐름이 수행자를 세계의 내적 본질에 결합시켜 주는 것이다. 수행자는 주위 세계의 생명과 함께 살아가면서, 그 생명의 활동을 그 자신의 연꽃잎들의 활동 속에 울려 퍼지게 할 수 있다.

이와 함께 수행자는 영계로 입문한다. 여기까지 진보한 수행자는 인류의 위대한 스승이 말하는 언어를 새롭게 이해할 것이다. 이를테면, 붓다의 말이나 복음서가 새로운 방식으로 그에게 작용해 오는 것이다. 그러한 말들은, 그를, 지금까지 생각지도 못한 행복감으로 가득차게 한다. 왜냐하면 그러한 말들이, 그 자신 속에 형성된 에테르체의 운동과 리듬에 조화롭기 때문이다. 붓다나 복음사가는 그 자신이 생각한 것을 말한 것이 아니라, 사물의 깊은 내적 본질이 전하는 계시를 말하고 있기 때문이다. 그것을, 수행자는 직접 체험하게 된다.

이러한 사실은 위에서 언급한 성취에 의해서만 이해될 수 있다는 것을 강조해 두고 싶다. 현대문명을 살아가는 사람들은, 붓다가 반복해서 했던 말이 어떤 의미를 가지는지, 올바르게 이해하지 못하고 있다. 그러나 그 반복적인 말은, 이 길의 걷는 자의 내적 감각이 즐겁게 그 위를 타며 휴식할 수 있는 장소와도 같다. 그 반복적인 말이 에테르체의 리드미컬한 운동에 대응하고 있음을 알게 된다. 완전한 내적 평정 속에서, 이 반복 속에 잠길 때, 에테르체가 이 운동에 동조하는 것을 알 수 있다. 이 언어적 리듬은 특정의 우주적 리듬의 모상이다. 또, 우주적 리듬은 특정한 방식으로 반복되면서 규칙적으로 회귀하고 있다. 때문에 붓다의 말에 귀기울일 때, 우리는 그 리듬을 통하여 우주의 비밀에 입문할 수가 있는 것이다.

영학은 고차의 인식에 도달하기 위하여, 이른바 시련의 길 위에서 반드시 자신의 것으로 삼아야 할 네 가지 덕성에 대해 말하고 있다.

제1의 덕성은 사고내용 가운데서, 허상과 개인적인 견해로부터 진실을 구별해 내는 능력이다.

제2의 덕성은 현상에 얽매이지 않고 진실한 것을 정당하게 평가하는 능력이다.

제3의 덕성은 앞에서 말한 여섯 가지 덕성, 즉 사고의 컨트롤, 행위의 컨트롤, 지속, 인내, 신념 및 평상심을 기르는 것이다.

제4의 덕성은, 내적 자유에 대한 사랑이다.

이러한 덕성들에 포함되어 있는 사항을 단지 머리로만 이해해서

는 아무런 소용이 없다. 그것은 혼의 습관이 될 때까지 몸에 배어들
어야 한다. 진실한 모습과 허상을 구별하는 제1의 덕성을 예로 들어
보자. 수행자는 자신에게 다가오는 어떤 일에 대해서도, 비본질적인
부분을 본질적인 부분과 구별할 수 있도록, 자신을 훈련해야 한다.
완전히 평정한 태도로, 그와 동시에 인내심을 가지고, 위에서 말한
맥락에서 외계로 관찰의 눈을 돌린다. 그리고 거듭해서, 이러한 시
도를 계속한다. 마침내 그는 매우 자연스럽게, 지금까지 비본질적인
부분에 만족하면서 확신을 가지고 있었던 것보다 더 강렬하게, 진실
한 것과 하나가 된다.

"모든 무상(無常)한 것은 비유에 지나지 않는다."

그의 혼은 이 진리를 확신한다. 이렇게 네 가지 덕성을 하나하나
닦아야 한다.

이 네 가지 덕성이 혼의 습관이 될 때, 그 영향으로서 수행자의 에
테르체에는 미묘한 변화가 일어난다. 제1의 특성인 "진실한 모습을
허상과 구별하는 것"에 의해, 이미 지적한 바 있는 중심점이 머리 부
분에 만들어지면서, 동시에 후두부에도 그 중심점이 준비된다. 후두
부에 중심점을 만들기 위해서는, 물론 집중의 행이 필요하다. 집중
의 행이 그것을 형성시킨다. 그리고 네 가지 덕성의 습관화가 그것
을 성숙시킨다. 중심점이 후두부 주변에 마련되면, 에테르체는 자유
롭게 제어되면서, 그물조직으로 뒤덮여 하나의 경계선을 이룬다.

이것은 제2의 덕성 "현상에 얽매이지 않고 진실한 것을 정당하게

평가하는 것"에 의해 실현된다. 이러한 평가가 가능해지면, 점차로 영적인 사실들이 시각화한다. 그렇지만 오성의 관점에서 의미있다고 판단되는 것만을 실행해야 한다고 생각할 필요는 없다. 아무리 눈에 띄게 두드러진 행위가 아니라 하더라도, 우주 전체의 운동 속에서는 어떤 의미를 가진다. 이 의미를 의식하는 것이 중요하다. 일상생활 속의 작은 일들을 정당하게 평가하는 일이 중요한 것이다.

제3의 덕성과 결합된 여섯 가지 행에 관해서는 이미 말하였다. 그것들은 심장부의 12장의 연꽃잎을 활성화시키는 것과 관련되어 있다. 에테르체의 생명적 흐름은 앞에서 말한 바처럼, 이 연꽃잎이 있는 방향으로 이끌어야 한다.

제4의 덕성, 내적 자유에 대한 사랑(해탈)은 심장 부근의 에테르 기관을 성숙시키는 데에 유효한 것이다. 이 덕성이 혼의 습관이 되면, 수행자는 자신의 개인적인 능력들에 관련된 일체의 것들로부터 자유로울 수 있다.

그는 사물을 자신의 특수한 입장에서 관찰하려 하지 않게 된다. 자신을 좁은 개인적인 입장에만 구속하는 틀이 사라져버린다. 영계의 내부에서 그의 내면으로 하나의 통로가 형성되는 것이다. 이것이 바로 해탈이 의미하는 바이다. 여기에 도달하기까지, 그는 이러한 구속 때문에, 개인적인 좁은 범위에서만 사물이나 존재를 관찰하도록 강제되어 왔다. 수행자는 이러한 구속에서 자유로워져야 한다.

영학이 제시하는 행법은 인간 본성의 가장 내밀한 부분에까지 깊게 작용한다. 네 가지 덕성은 이러한 행법이다. 행법은 여러 가지 형식을 띠고 있지만, 영적 관점에 입각한 모든 세계관 속에서 그것을 발견할 수 있다. 그러한 세계관의 창시자들은 어떤 어두운 감정에 촉발되어 이러한 가르침을 편 건 아니다. 그들 자신이 위대한 영계 입문자였기 때문에, 이러한 가르침을 편 것이다. 인식의 길을 통하여, 그들은 도덕에 적합한 행법을 자아낸 것이다. 그들은 이러한 행법들이 인간의 영묘한 본성에 어떻게 작용하는가를 알고 있고, 또 이 길을 걸으려 하는 자가 진실로 이 영묘한 본성을 육성해 나가기를 원하였다. 이러한 세계관이 의미하는 바를 실천하는 것은 자신의 영적 완성을 위해 노력하는 일과 같다. 그가 이런 노력을 할 때, 그 행위는 우주 전체에 유익하게 작용한다. 자신을 완전하게 하는 일은 결코 이기심의 표현이 아니다. 왜냐하면 불완전한 인간은 인류와 세계의 불완전한 노예이기 때문이다. 완전하면 완전할수록, 그는 전체를 위해 보다 완벽하게 봉사할 수 있다.

"장미가 스스로를 아름답게 치장할 때, 정원은 보다 아름답다"는 말은 여기에 해당한다.

이러한 의미에서 위대한 세계관의 창시자들은 위대한 마술사이기도 하다. 그들에게 유래하는 것들이 사람들의 혼으로 흘러들어간다. 그리고 그것에 의해 인류뿐만 아니라 우주 전체가 진화한다. 그들은 이 우주진화를 위해 완전히 의식적으로 일해 왔다. 그들이 부여한 행법이 인간본성의 내밀한 인식에서 퍼올려진 것임을 인식하는 자만이, 이 행법의 의미를 이해한다. 위대한 영적 지도자들은 위대한 인식자이기도 하다. 그들의 인식이 인류의 이상을 일으켰다. 그러나 개개인은 수행을 통하여, 진화의 높이로 나아감으로써 이러한 지도자의 의식에 접근해 간다.

이러한 방식으로 에테르체를 육성하는 사람에게는 완전히 새로운 삶이 열린다. 그때 그는, 수행의 과정에서 적절한 시기에 이러한 새로운 삶을 어떻게 살아가야 할지 명료하게 이해해야 한다.

16장의 연꽃잎을 통하여, 이 길을 걷는 자는 영계의 형태들을 보게 된다. 이때, 이 형태를 생성시키는 대상 또는 존재에 따라, 그것이 어떻게 다른지를 명료하게 이해해야 한다. 이때 가장 주의해야 할 것은 자기 자신의 사고내용이나 감정에 따라, 어떤 종류의 영적 형상은 영향을 받지만, 다른 어떤 종류의 형상들은 전혀, 또는 조금 밖에 영향받지 않는다는 사실이다. 그 형상이 영향을 받는 것일 경우, 관찰자가, 출현한 영적 형상에 대해 처음에는 "아름답다"라는 감정을 가지다가, 잠시 후에 "이건 아주 쓸모있는 거야"라는 감정으로 바꾸면, 그 형상은 바로 모습을 바꾼다. 특히 광물이나 가공품에서 유래하는 영적 형상은 관찰자의 어떠한 감상이나 감정에 의해서도 쉽게 변화한다. 이것은 식물에서 유래하는 영적 형상에 대해서도 말할 수 있지만, 그 변화의 정도는 아주 적다. 동물의 영적 형상은 그 변화하는 정도가 더욱더 적다. 동물의 영적 형상도 변화하기 쉽고 활동적이기는 하다. 그러나 그 활동이 인간의 사고나 감정의 영향을

받아 일어나는 것은 작은 부분에 지나지 않고, 다른 부분들은 인간
이 영향을 끼칠 수 없는 원인들에 의해 일어난다. 형상세계 전체의
내부에는 특별한 종류의 형상도 존재한다. 그것은 애당초 거의 인간
의 영향을 받지 않는 형상이다. 수행자는 이러한 형상이 광물이나
가공품도 아니고, 식물이나 동물도 아니라는 것을 스스로 확인할 수
있다. 이러한 형상들을 세밀하게 관찰해 보면, 그것들이 다른 사람
들의 감정, 충동, 정열 등에 의해 야기되었음을 알 수 있다. 그러나
조금 시간을 두고 보면, 이 형상들에 대해서도 수행자 자신의 사고
나 감정이 비록 미약하다 하더라도, 영향을 끼칠 수 있다는 것을 느
낄 수 있다.

그러나 영적 형상 세계의 내부에는 관찰자 자신이 영향을 끼칠 수
없는 부분이 남아 있다. 이 남겨진 부분이 견령능력을 가지기 시작
한 수행자가 영시할 수 있는 대부분의 것이다. 이것이 어디서 연유
하는지는, 수행자가 자기 자신을 관찰할 때 비로소 확실히 알 수 있
다. 이 영적 형상은 수행자 자신이 만들어낸 것이다. 자신이 어떤 바
람을 가질 때, 이러한 형상이 생성되는 것이다. 자신의 내면에서 살
아숨쉬는 충동이나 욕망, 자신이 품고 있는 의도 등, 그 모든 것이
이러한 형상으로 나타난다.

이렇게 인간은 자기 자신의 의식내용에 해당하는 형상이나 자신
의 감정을 통하여, 자신 이외의 것에서 유래하는 모든 것의 영적 형
상에 영향을 미칠 수 있다. 그러나 자기 자신의 본질이 생성시킨 영

적 형상에 대해서는, 그것이 만들어진 이후에는, 이미 어떠한 영향력도 발휘할 수 없다. 이것으로 다음과 같은 사실이 명확해진다. 즉, 고차적인 시점에서 보면, 인간의 내적 생활, 충동, 욕망, 표상들도 자신 이외의 대상이나 본성과 똑같이 외적인 형상으로 나타난다는 것이다. 고차적 인식에 있어서, 내계는 외계의 일부분이다. 마치 거울에 둘러싸인 사람이 자신의 모습을 모든 방향에서 볼 수 있듯이, 고차적 세계 속에서는 인간의 혼적 본성이 거울상으로 그 자신 앞에 나타나는 것이다.

여기까지 진보한 수행자는, 이제 자신의 개인적인 협소함이 만들어낸 환상을 극복할 수 있는 시점을 맞이한다. 그는 지금 자신의 개인적인 내부에 존재하는 것을 외부의 것을 보듯이 관찰한다. 지금까지 그는, 외부에서 자신의 감각에 작용해 오는 것만을 외계로 인정했다. 그와 같이 주위의 사물에 대한 태도가 점차로 자기 자신에 대해서도 그대로 적용되기에 이른다.

지금까지 말한 영계의 본질을 이해하지 못했을 때, 수행자는 자신의 혼의 내부를 비추어내는 외부의 영적 형상이 하나의 수수께끼로 생각될 것이다. 그 자신의 충동이나 정열이 동물이나, 때로는 사람의 형상으로 나타나기도 한다. 물론 영적 세계의 동물적 형상은 지상의 동물과는 전혀 다른 모습이지만, 그렇다고 해도 어딘가 유사한 점이 있다. 때문에 수행이 부족한 사람은 그것들을 이 세상의 동물로 취급하고 만다. 영계를 인식하기 위해서는 완전히 새로운 종류의 판단력을 지녀야 한다. 왜냐하면 내부에 속하는 것들이 외적 형상으로 나타나는 것을 제외하고서는 그 현상하는 방식이 현실적으로 존재하는 형상의 역상(逆相)으로 나타나기 때문이다. 이를테면 어떤 숫자를 영계에서 보았다고 하자. 우리는 그것을 거울에 비추어진 상을 읽듯이 거꾸로 읽지 않으면 안 된다. 285라는 숫자를 보았다면, 582로 읽어야 하는 것이다. 구체는 마치 그 중심에서 바라본 듯한 모습으로 나타난다. 따라서 중심에서 바라보는 시각을 올바른 방식으로 고쳐 읽어야 하는 것이다. 혼의 특성 또한 거울상으로 나타난다. 어떤 외부의 대상으로 향한 바람은, 그 바람을 품은 자신을 향해 다가오는 형상으로 나타난다. 인간의 저차원적 본성에 기초한 욕정은 동물과 같은 모습으로 인간을 휩싼다. 이러한 욕정은 그것을 만족시켜 줄 수 있는 대상을 외부세계에서 구하고 있다. 그러나 외부세계로 향한 이러한 욕망은 거울상 속에서는 욕정의 소유자에 대한 공격으로 표현된다.

　수행자가 영적 직관을 가지기 이전에 냉철한 자기 관찰을 통하여 자신의 성향들을 잘 인식하고 있다면, 자신의 내면이 외적인 거울상으로 나타났을 때, 정면에서 바라볼 수 있는 용기와 힘을 가질 수 있을 것이다. 조용한 자기 반성을 통하여 자신의 내면을 인식하려 하지 않는 사람은 이러한 거울상이 자신의 모습임을 인정하지 않고, 그것을 다른 외적 현실의 일부분으로 생각하게 될 것이다. 또는 그러한 거울상에 접한 후 불안에 빠져, 도저히 눈뜨고는 똑바로 쳐다볼

수 없는 그 모습을, 아무런 근거도 없는 공상의 산물로 치부해 버릴
는지도 모른다. 이때 그는 미성숙한 채로, 어떤 유의 영적 개발에 성
공한 결과로 인하여 도저히 회복할 수 없는 불행한 상태에 빠지고
만 것이다.

영계 입문을 위해서는 자신의 혼에 대한 영적 통찰이 무엇보다 중
요하다. 자신의 자아야말로 인간이 가장 긍정적으로 평가할 수 있는
영적, 혼적 내용이다. 수행자가 일상의 자기에 대한 인식을 심화시
킨 후, 영계에서 자신의 거울상과 접촉하게 될 때, 그는 그 둘을 비
교할 수 있다. 그 영적 형상을, 스스로 잘 알고 있는 자신의 모습과
관련지음으로써 보다 확실한 기반 위에서 출발할 수 있는 것이다. 그
렇지 않을 경우, 아무리 많은 정령들이 자신 앞에 그 모습을 드러낸
다 하더라도, 그는 그 정령들의 본성을 파악할 어떤 단서도 가질 수
없게 될 것이다. 그 결과, 그는 자신이 기댈 수 있는 어떤 근거도 가
질 수 없게 된다. 그러므로, 자신의 본성을 충분히 인식하고 평가할
수 있는 근거를 마련한 자만이, 영계에서 견실하게 길을 걸을 수 있
다. 이것은 아무리 강조해도 지나치지 않다.

수행자는 영계의 여행길에서 처음으로, 이러한 영적 거울상과 조
우한다. 이 거울상에 대응하는 현실이 그의 내부에 존재하므로. 따
라서 수행자는 이 최초의 단계에서, 소화하기 어려운 영적 현실과의
조우를 시도하지 말고, 이러한 거울상과의 만남을 당연한 것으로 생
각하는 마음의 자세를 갖추어두어야 한다. 그러나 그는 이 거울상의

세계 속에서 마침내 새로운 현실을 배운다. 낮은 차원의 자아가 지금 그 앞에 거울상으로 존재하고 있다. 그러나 이러한 거울상의 한복판에서 고차적 자아의 진실한 모습이 나타난다. 낮은 차원의 인격적 형상 속에서, 영적 자아의 형상이 보이는 것이다. 그리고 수행자는 영적 자아의 형상에 의해, 비로소 다른 영적 현실로 이어지는 실을 자아낼 수 있다.

여기에 이르러 그는 양미간 부근에 있는 2장의 연꽃잎을 활용할 때를 맞이한다. 이 연꽃잎이 회전하기 시작하면, 자신의 고차적 자아와 고차적 정령들과의 연계가 가능해진다. 이 연꽃잎에서 일어나는 흐름이 높은 차원으로 확산되어 가서 그 정령들의 활동이 의식화되는 것이다. 빛이 물체를 볼 수 있게 해주듯이, 이 흐름이 고차적 세계의 정령들을 영적으로 볼 수 있게 한다.

영학에 깊이 몰입하면, 우리들의 의식에 근본적인 진리를 나타내는 특정한 표상이 일어난다. 그것을 통하여 이 길을 가는 자는 양미간 부근에 있는 연꽃의 흐름을 활성화시키기도 하고, 또는 그것을 제어하는 법도 배운다.

특히 이 단계에서, 건전한 판단력과 명석한 논리적 훈련이 영적 생활에 얼마나 중요한 것인가가 명확히 드러난다. 이것을 전제로 하여, 지금까지 하나의 싹의 상태에 머물면서 무의식 속에 잠재되어 있던 고차의 자아가, 의식적인 존재로 생성되어 나오는 과정을 고찰해 보자. 영계에, 비유가 아닌 하나의 현실적인 사건으로서의 고차적 자

아가 탄생하는 것이다. 새로이 태어난 자, 즉 고차의 자아는 살아가
기 위해 필요한 모든 소질이나 기관을 갖추어야 한다. 자연이 새로
운 생명에게 건강한 눈과 귀를 주듯이, 행법은 고차의 자아에게 필
요한 능력을 가지게 한다. 그리고 영의 고차적 기관이 건전하게 자
라도록 배려하는 행법은 물질계의 건전한 이성과 도덕 그 자체이기
도 하다. 태아가 모태 속에서 성장해 가듯이, 영적 인간은 물질계의
자아 속에서 자라간다. 태아의 건강은 모태 안의 건전한 자연법칙의
작용에 의존한다. 그와 마찬가지로 영적 인간의 건강은 상식적인 이
해력이나 현실생활의 이성에 의해 지켜진다. 이 땅에서 건전한 사고
를 가지고 건전하게 생활하지 못하는 사람은 결코 고차적인 자아를
생성시킬 수 없다. 이성에 따른 자연스런 생활을 영위하는 것은 진
실한 의미에서의 영적 발전의 기초가 된다. 태아가 태어나기 전부터
자연(태어나서 감각적 지각의 대상이 되는 자연)의 힘에 따라 생명
을 유지하듯이, 인간의 고차적 자아도 이미 지상생활 속에서 영계의
법칙에 따라 살아가고 있다. 그리고 태아가 어렴풋한 생명감정에 의
존하여 필요한 힘을 얻는 것과 마찬가지로, 고차의 자아를 생성시키
기 이전의 인간도 예감에 의하여 영계의 힘을 얻을 수 있다. 고차의
자아가 충분히 성숙한 모습으로 영계에 출현하기 위해서는, 이와 같
은 이 땅에서의 작업이 반드시 이루어져야 한다. 자신의 눈으로 보
지 않는 한, 영학의 교의를 믿을 수 없다는 태도는 잘못이다. 왜냐하
면 영학을 깊이 연구하지 않고서는 진정한 고차의 인식을 얻을 수

없기 때문이다. 영학을 부정하는 사람은 모태를 통하여 태아에게 주
어지는 힘을 거부하고, 태아가 스스로 그것을 손에 넣을 때까지, 태
아가 어떤 힘을 발휘해서도 안 된다고 생각하는 것과 다를 바 없다.
태아가 아직은 어렴풋한 생명감정에 의해, 모태가 자신에게 부여하
는 것을 긍정적으로 받아들이듯이, 아직 영적인 눈으로 볼 수 없는
사람도, 영학적 교의의 진실을 직관할 수 있다. 비록 자기 자신이 영
적 체험을 하지 못했다 하더라도, 건전하고 명석하며 공정한 판단력
과 진리감정을 가지고 영학적 가르침의 본질을 통찰할 수가 있는 것
이다. 우리는 우선 신비학적 인식내용을 배우고, 그 학습을 통하여,
영적인 눈으로 인식하기 위한 준비를 갖추어두어야 한다. 이러한 준
비와 배움 없이 뭔가를 볼 수 있게 된 사람은 눈과 귀를 가졌으나
지성이 없는 어린아이와 같다. 색채와 소리의 세계가 그 앞에 펼쳐
진다 하더라도, 그것이 무엇을 의미하는지를 전혀 이해할 수가 없는
것이다.

이렇게 미리 진리를 갈구하는 감정이나 이성, 이해력에 의해 파악
된 것들이, 신비수행의 어떤 단계에서 체험된다. 수행자는 이제 자
신의 고차적 자아를 직접 체험할 수 있다. 그리고 고차의 자아가 고
차의 정령들과 하나가 되어, 조화로운 관계를 형성하는 것을 인식한
다. 이렇게 하여 수행자는 어떻게 낮은 차원의 자아가 고차적 세계
에서 파생되어 나왔는지를 깨닫는다. 이것은 고차적인 것이 저차원
의 것보다 영속적이라는 사실을 그에게 가르쳐주는 것이다. 이제 그

는 무상한 것과 영원한 것을 구별할 수 있다. 이것은 고차의 자아가 낮은 차원의 자아에 깃든다는 교의를 자신의 직관으로 받아들인다는 것을 뜻한다. 인간이란 고차의 영적 관계성에 의해 태어나며, 그 성격이나 운명도 이러한 관련에 의해 생성된다는 것을 명확히 깨닫는 것이다. 수행자는 인생의 법칙, 즉 카르마＝업(業)을 인식한다. 그는 자신의 저차원적 자아가 만들어낸 지금의 모습이, 자신의 고차적 본성이 깃들 수 있는 많은 형상들 중의 하나에 지나지 않는다는 사실을 깨닫는다. 그리고 그는 자신의 내부에서 고차의 자아가 낮은 차원의 자아에 작용하여, 자신을 점점 완전한 존재로 만들어가는 프로세스를 눈으로 볼 수 있다. 이제 그는 완전성의 정도에 따라 다양하게 인간을 구분할 수 있다는 것을 통찰한다. 그는 지금부터 자신이 걸어야만 할 여러 단계들을 이미 거쳐 지나간 많은 사람들의 존재를 느낄 수 있다. 그는 이러한 사람들의 행이나 가르침이 고차적 세계의 계시에 근거하고 있다는 것을 통찰한다. 그는 이러한 통찰을 고차적 세계에 첫발을 내디디면서 획득한 것이다. "인류의 위대한 비의입문자(秘義入門者)"로 불리는 사람들이 그에게 현실적인 의미를 가지기 시작한다.

　이러한 수행단계에 속한 사람은 이하의 능력을 가진다. 고차의 자아를 인식하고, 저차원의 자아에 고차의 자아가 깃든다는 가르침(윤회전생과 카르마의 법칙)을 알게 되고, 또한 위대한 영계 입문자의 존재를 인식한다.

때문에 이 단계의 수행자를 미혹을 극복한 사람이라 한다. 지금까
지 그는 이성과 건전한 사고에 기초한 신념을 가지고 있었지만, 이
제 그 신념 대신에, 완전한 지식과 무엇에 의해서도 흐려지지 않는
밝은 통찰력을 소유한다. 모든 종교는 의식(義式), 비적(秘跡), 전례
(典禮) 속에서, 고차의 영적 사상(事象)에다 눈에 보이는 형식을 부
여해왔다. 종교의 깊은 의미를 아직 통찰하지 못한 사람만이 이 형
식을 잘못 해석하는 것이다. 그러나 영적 현실 그 자체를 통찰하는
사람은 제사(祭祀)라는 가시적 행사의 위대한 의미를 이해할 것이
다. 그러한 사람에게 종교적 의식(義式)이란, 자신보다 높은 세계와
자신과의 결합을 나타내는 모상(模像)이 될 수 있다.

이 단계까지 수행한 사람이 어떻게 새로운 사람으로 태어나게 되
었는지를, 이제 당신은 이해할 수 있을 것이다. 수행자는 자신의 에
테르체의 흐름을 통하여, 점차로, 본래의 생명요소를 제어하고, 그것
을 통하여 육체의 구속에서 자유롭게 벗어날 수 있다.

꿈의 변화

앞에서 말한 발전단계에 도달한 징후, 또는 이제 곧 도달할 징후는 수행자의 꿈속에 나타난다. 지금까지 혼란스럽고 자의적이었던 꿈이 규칙적인 모습으로 나타나기 시작한다. 꿈의 내용이 변화하고, 꿈의 형상이 일상생활의 기억표상과 깊은 의미관련을 드러내게 된다. 꿈의 법칙, 꿈의 원인과 결과를 인식할 수 있게 된다. 지금까지는 단지 일상생활의 여운이나 주변환경의 왜곡된 인상, 또는 컨디션의 반영에 지나지 않았던 것이, 이제 지금까지 경험한 적이 없는 이미지와 풍경을 내보이기 시작한다. 물론 일반적인 꿈의 성격은 그대로 가지고 있다. 꿈은 일상적인 표상과는 달리 모든 것을 상징적으로 표현한다. 주의깊은 꿈의 해석자라면 이러한 상징적인 의미를 놓치지 않을 것이다. 예를 들어 추한 동물과 접촉하여 손바닥에 불쾌감이 남아 있다고 하자. 눈을 뜨고 보니, 이불 한귀퉁이를 꼭 쥐고 있었다. 실제로 지각내용은 꿈속에서 그대로 표현되는 것이 아니라 상징화된다. 무엇에 쫓기는 자신의 모습을 꿈꾸었다고 하자. 꿈속에서 너무도 생생한 불안을 느꼈다. 깨어나서 보니 잠잘 동안 심장이 심하게 고동치고 있었다는 것을 알았다. 소화에 나쁜 것을 먹었을 때, 그 결과로 무서운 꿈을 꾸는 것이다. 주변에서 일어나는 사건도 상징화되어 꿈속에 나타난다. 기둥시계의 종소리는 고적대를 앞세운 행진대열의 광경으로 나타난다. 테이블이 쓰러지는 소리는 일련의 드라마를 만들어내면서, 소리 그것이 드라마의 대단원 역할을 하는 것 등이다. 이러한 상징적인 표현방식은 에테르체가 육성되기 시작한 사람의 질서잡힌 꿈속에서도 나타난다. 그러나 그 꿈은 이미 물질적 환경이나 몸 컨디션의 단순한 반영이 아니다. 물질적 세계를 반영하는 꿈도 질서있는 내용으로 나타나지만, 영적 세계의 사상이나 상황을 지시하는 꿈의 내용도 역시 질서있게 나타난다. 수행자는 이 꿈속에서 일상의 의식으로는 가질 수 없는 체험들을 하게 된다. 그렇다고 해서 진정한 의미의 신비가가 이렇게 꿈속에서 체험하는 사상(事象)을, 영계(靈界)에서 보내오는 정보원의 잣대로 삼는다는, 일반적으로 널리 퍼져 있는 믿음은 옳지 않다. 이러한 꿈 체험은 영적 진보를 나타내는 단순한 징후로 보아야 한다. 그 다음 단계에 이르러, 수행자의 꿈은 오성의 사려깊은 지배에서 벗어나지 않고, 깨어 있을 때의 표상이나 감각과 마찬가지로 이 오성의 제어를 받으면서, 그것에 의해 질서잡힌다. 꿈과 각성 상태의 구별이 점점 사라져간다. 꿈꾸고 있는 수행자는, 꿈꾸고 있는 동안에도, 말 그대로 깨어 있다. 즉, 그는 스스로가 몽환극(夢幻劇)의 연출자이며 감독이 되는 것이다.

꿈꾸고 있는 동안 인간은 누구든지 물질적 세계와는 다른 세계를 살아간다. 단지 영적 기관이 아직 발달하지 않은 일반인의 꿈은 이러한 세계에 대하여 혼란스런 영상만 만들어낼 따름이다. 이러한 세계는 고작 시각기관의 가장 원초적인 형태만을 가지고 있는 생물이 느끼는 감각세계와도 같다. 일상생활의 잔상이나 반영 이외의 어떤 것도 볼 수 없는 것이다. 우리가 꿈속에서 이러한 잔상이나 반영을 본다는 것은 자신이 일상적으로 지각하는 내용 그 자체가 영상으로서, 영계를 구성하고 있는 소재 속에 새겨지기 때문이다. 다시 말해, 인간이 일상의 의식적인 생활과 더불어 제2의 무의식적인 생활을 다른 세계에서 살아가기 때문이다. 지각하고 사고하는 그 모든 일을 제2의 세계 속에 새겨넣는 것이다. 연꽃을 활성화시켰을 때, 비로소 이것은 시각화된다. 모든 사람에게는 아직 발달하지 않은 상태의 연꽃의 씨앗이 깃들여 있다. 제2의 세계에 새겨넣는 일은 일상의 의식은 거의 느낄 수 없으므로, 연꽃이 아직 활성화되지 않은 상태에서는 아무것도 지각할 수 없다. 그것은 낮에 별을 볼 수 없는 것과 비슷하다. 별은 밝은 빛 속에서는 지각의 대상이 될 수 없다. 그처럼 어렴풋한 영적 인상은 물질감각의 강렬한 인상 앞에서는 자신을 드러낼 수가 없다. 그러나 잠에 빠져 외적 감각의 문이 닫히면, 이러한 영적 인상이 혼란스런 모습 그대로 빛을 발하기 시작한다. 그리고 꿈꾸는 자는 그것을 통하여 영계에서 이루어지는 경험들을 지각한다. 그렇다 하더라도, 이러한 경험은 물질감각과 결합된 일상생활의

표상들을 영계의 소재에 새겨넣은 것에 지나지 않는다. 연꽃이 피어
날 때 비로소 물질계에 속하지 않는 정보가 꿈속에 기록된다. 그리
하여 진화한 에테르체를 통하여, 영계에 유래하는 이 기록에 관한
풍부한 지식이 획득되는 것이다. 이와 함께 새로운 세계와의 교류가
시작된다. 여기서 수행자는 두 가지 일을 달성하지 않으면 안 된다.
첫째, 깨어 있을 때와 마찬가지로, 꿈속에서도 집중적으로 관찰을 해
야 한다. 이러한 관찰이 가능해지면, 둘째, 꿈속의 관찰을 깨어 있을
때도 계속해야 한다. 이때, 영적 인상에 대한 주의력이 물질계의 강
렬한 인상 속에서도 지워지지 않고, 지속될 수 있도록 해야 한다.

수행자가 이러한 능력을 가지게 되었을 때, 그의 영적인 시야에 새
로운 풍경이 솟아오른다. 그는 이제 영계에 존재하는 것을 물질계의
원인으로 지각할 수 있다. 특히 그는 자신의 고차적 자아가 영계에
존재하고 있다는 것을 인식할 수 있다. 그 다음의 과제는 이러한 고
차의 자아에 몰두하는 것이다. 즉, 고차의 자아가 자신의 진실한 본
성임을 인식하고, 그 자아에 따라 생활하는 것이다. 점차로 그는 자
신의 육체나, 예전의 "나"가 이 고차적 자아의 도구에 지나지 않는
다는 생생한 상념과 감정을 품게 되는 것이다. 저차원의 자아에 대
해서는, 마치 감각세계에 갇혀 있는 사람이 어떤 도구나 자동차를
대할 때와 같은 태도로 임한다. 어떤 사람이 "나는 걸어간다"라는 말
과 유사한 의미로 "나는 고속도로를 달린다"라는 말을 했다고 해서,
그 사람이 자동차를 "나"로 생각하지 않는 것처럼, 영적으로 진화한

사람이 "나는 문을 열고 들어간다"라는 말을 했다면, 그것은 "나는 내 몸을 방안으로 옮긴다"라는 뜻이다. 그렇다고 해서 이러한 사고 방식에 사로잡혀 있어서는 안 된다. 단 한순간이라도, 물질계의 확실한 지반을 잃고, 감각세계 속에서 소외감을 가져서는 안 된다. 공상가, 몽상가여서는 안 된다. 수행자의 고차적 의식은 물질생활을 빈곤하게 하는 것이 아니라, 오히려 풍성하게 해야 한다. 멀리 가기 위해 걷지 않고 기차를 타는 것처럼.

수행자가 자신의 삶을 고차적 자아와 더불어 하는 생활로까지 고양시켰다면, 고차의 의식을 획득하는 그 과정에서, 어떻게 하면 심장부에 생성된 기관 속에 영적 지각능력을 개발하여, 생명의 흐름 속에 그것을 작용시킬 것인가를 알게 된다. 이 영적 지각능력은 영적 소재의 한 요소가 된다. 이것은 심장부에 생성된 기관에서, 아름답게 빛나면서 회전하는 다른 연꽃들이나 에테르체가 형성한 통로들을 따라 흘러나온다. 그것은 외부로 나아가 주위의 영계를 밝히며, 영계를 지각할 수 있게 밝게 비춘다. 마치 하늘에서 빛나는 태양이 이 땅의 존재를 지각할 수 있게 해주는 것과 닮아 있다.

어떻게 이러한 지각능력이 심장부의 기관에 형성되었는가는, 형성 과정 속에서 스스로 이해할 수밖에 없다.

수행자가 지금 말한 방식으로, 영적 지각기관의 흐름을 자신의 에테르체에 침투시키고, 나아가 그것을 외적인 영계로 흘려보내 영적 대상에 빛을 비출 수 있을 때, 비로소 본래적인 의미에서 그는 영계를 대상화하고 영계의 존재들을 지각하고 인식할 수 있게 된다. 그가 영계의 대상을 온전한 의식을 가지고 지각하기 위해서는, 그 자신의 영적인 빛으로 외부를 비추어야 한다. 그런데 이 지각기관을 생성시키는 "나"라는 실체는 몸 속이 아닌 몸 밖에 존재한다. 심장부의 기관이란, 수행자인 "나"가 외부에서 이 영적인 빛을 내는 기관에 불을 지피는 장소에 지나지 않는다. 만일 수행자가 이 기관을 이 위치가 아닌 다른 장소에 점화시킨다면, 거기에 생성된 영적 지각내용은 물질계와 아무런 관계도 가질 수 없다. 그러나 인간은 모든 고차의 영적 내용을 진실로 물질계와 관련지어야 하며, 자신을 통하여 그것을 물질계 속에 작용시켜야 한다. 심장부의 기관은 바로 그 고차의 감각적인 자아를, 자신의 도구로 만들기 위한 수단인 것이다. 이 기관이 존재함으로 해서, 고차적 자아는 감각적인 자아를 지배할 수 있다.

진화한 인간이 영계의 현상에 대해 품는 감각은 통상의 인간이 물질계에 대해 품는 감각과는 다르다. 일반적으로 인간은 자신이 물질계의 특정한 장소에 있다는 것을 느끼고 있으며, 지각된 대상은 그에게 "외적"인 것이다. 거기에 반해 영적으로 진화한 인간은 자신과 자신이 지각하는 영적 대상과 일체화되어, 영적 대상 "속에" 있는 듯이 느낀다. 그는 실제로 영적 공간의 사방을 헤매고 다닌다. 그래서 영학에서는 그를 "방랑자"라 부른다. 처음에 그는 어느 곳에도 정착하지 못한다. 만일 그가 언제까지고 방랑생활을 계속한다면, 영적 공간 속의 어떠한 대상도 정확히 규정할 수 없을 것이다. 물질공간에서 대상이나 장소가 정해질 수 있는 것은 특정한 지점을 잣대로 삼기 때문이다. 이것은 영계에도 적용된다. 영계에서도 우선 철저한 탐구를 한 후에, 영적으로 소유할 수 있는 장소를 어딘가에 자신을 위하여 마련해 두어야 한다. 그 장소에 영계의 고향을 만들어야 하는 것이다. 그러면 다른 모든 것을 고향과의 관계에서 파악할 수 있게 된다. 물질계의 인간도 다른 모든 것을 자기 고향의 추억과 어떤 의미에서건 관련지으려 한다. 베를린 사람은 파리 사람과는 다른 런던의 이미지를 가지는 법이다. 그렇지만 영계의 고향과 지상의 고향에는 커다란 상이점이 있다. 인간은 지상의 고향에 자신의 의지로 태어난 것이 아니다. 어릴 적에 우리는 고향에 대한 일련의 인상을 본능적으로 수용한다. 그리고 그 이후, 모든 것은 자기도 모르는 사이에 이러한 인상의 조명을 받는다. 그러나 영적 고향의 경우는 완전한 의식을 가지고, 그것을 스스로 창출하는 것이다. 그러기 때문에 의식적인 자유로운 관점에서, 그 고향을 척도로 하여 판단할 수가 있는 것이다. 영학은 이러한 고향의 건설을 "오두막 짓기"라 한다.

이 단계의 영시는 우선 물질계의 영적 대응물로 향한다. 이러한 영적 대응물은 아스트랄계에 존재한다. 아스트랄계란, 인간의 충동, 감정, 욕망, 정열과 본질적으로 동일한 그 모든 것이 존재하고 있는 세계라 할 수 있다. 왜냐하면 이러한 인간적인 특성과 관련된 힘이 모든 물질적 대상에도 갖추어져 있기 때문이다. 이를테면 수정은 영적

인 관점에서 보면, 인간의 내면에서 움직이고 있는 충동과 비슷한
힘에 의해 그 형태를 획득하고 있다. 같은 힘에 의해 식물의 맥을 타
고 수액이 흐르며, 꽃이 피고, 씨앗은 꼬투리에서 땅으로 떨어진다.
모든 이러한 힘은 진화한 영적 지각기관에 대해 형태나 색을 가진
존재로 나타난다. 마치 물질계의 존재가 육안에 형태나 색을 가진
존재로 드러나듯이, 이 단계에 도달한 수행자는 수정이나 식물 속에
서 물질적인 색이나 형태뿐만 아니라, 영적인 힘도 볼 수 있다. 그의
눈앞에서는 동물이나 인간의 충동도, 그 충동을 일으키는 존재의 지
상적인 생활의 표현으로 그치지 않는다. 책상이나 의자를 보는 것처
럼, 충동 그 자체도 직접적인 대상으로 지각한다. 동물이나 인간의
본능, 충동, 원망, 정열의 전체는 그것을 담당하는 존재를 감싸고 있
는 아스트랄적인 구름이 되어 오라로 나타난다.

　이 단계에 들어선 수행자는 감각적인 지각으로는 전혀 파악할 수
없는 사물과 현상도 지각한다. 이를테면 어떤 저속한 생각을 품고
있는 사람들이 있는 장소와, 드높은 이상을 가진 사람들이 모여 있
는 장소의 아스트랄적인 상이성을 지각하는 것이다. 병원과 무도장
은 영적으로 전혀 다른 분위기를 풍긴다. 상업도시와 대학도시는 서
로 다른 아스트랄적인 공기를 가지고 있다. 이제 막 견령능력을 획
득한 사람의 지각능력은 이 정도로 민감지는 않고, 일반인의 꿈속
의 의식처럼 불확실하다. 그러나 점차로 완전한 각성이 일어난다.

　이 단계의 견령능력은 동물이나 인간의 충동과 정열의 아스트랄

적인 반응을 지각하는 것이 바람직하다. 애정에 가득 찬 행동과 미움에 기초한 행위에는 서로 다른 아스트랄적인 현상이 따른다. 단순한 욕망은 그 자신의 아스트랄적인 형상 외에, 그것과는 다른 보기 흉한 아스트랄적인 대응물을 가지며, 고매한 감정은 아름다운 대응물로 나타난다. 이러한 대응상은 인간이 물질생활을 영위하고 있을 동안은 어렴풋하게 보일 뿐이다. 왜냐하면 그것이 강력한 물질생활에 의해 억제되고 있기 때문이다. 예를 들어, 어떤 물건을 손에 넣고 싶다는 바람은 아스트랄계에 나타나는 형상 외에도, 하나의 거울상을 만들어낸다. 그러나 이 바람이 그 물건을 손에 넣음으로써 만족되거나, 적어도 만족될 가능성이 존재할 경우에는, 이러한 거울상은 어렴풋한 모습으로 드러날 뿐이다. 그러나 죽은 후에도 그의 혼이 여전히 이러한 바람을 품고 있다면, 이미 그 물건과 함께 기쁨을 누릴 육체의 기관이 없기 때문에, 그 바람을 만족시킬 방법이 없다. 이때 거울상은 아주 강렬한 모습을 띠게 된다. 이를테면 미식가의 혼은 사후에도 그 기호를 그대로 가지고 있다. 그러나 이미 미각을 위한 육체기관을 가지고 있지 않은 그에게는, 욕망을 만족시킬 가능성이란 전혀 없다. 그 결과, 그의 바람은 특별히 격렬한 힘을 동반한 대응상을 만들어내며, 그것으로 인해 그의 혼은 고통받게 된다. 사후의 혼이, 이러한 낮은 차원의 대응물을 통해 얻는 체험을, "혼계의, 특히 욕망이 있는 곳의 체험"이라 한다. 이러한 체험은 혼이 물질계를 지향하는 욕망에서 벗어나 정화되었을 때, 비로소 사라진다.

그래서 혼은 아스트랄계에서 보다 고차적인 영역(영계)으로 상승한다. 지상에서 살아가는 인간의 경우, 비록 이러한 대응상이 미약한 것이라 하더라도, 그것은 엄연히 존재하며, 혜성이 길게 꼬리를 늘어뜨리듯이 인간의 욕망에 따라다닌다. 상응하는 발전단계에 도달한 견자는 그것을 볼 수 있다.

그러한 체험들은 이러한 단계에 도달한 수행자의 삶을 가득 채우고 있다. 그러나 아직 그는 보다 고차적인 영적 체험은 가질 수 없다. 그는 더 높은 단계로 나아가야 한다.

의식의 연속성

인간의 삶은 세 가지 상태의 반복 속에서 이루어진다. 즉, 각성상태, 꿈을 꾸는 잠, 꿈이 없는 깊은 잠의 상태이다. 수행자의 이 세 가지 상태에는 어떠한 변화가 일어나는가. 이것에 관한 예비적인 관념을 가지는 것은 어떻게 영계를 인식하기에 이르는가를 이해하는 데 도움이 된다. 고차의 인식을 위한 수행을 완료하기 이전의 의식은 끊임없이 잠에 의해 중단된다. 그런 휴식상태에서 혼은 자신에 대해서나 외계에 대해서 어떠한 의식도 가지지 않는다. 단지 특정의 시간에 무의식의 바다에서 솟아오르는 꿈을 꿀 따름이다. 그 꿈은 외계의 사건을 비추어내는 경우도 있지만, 몸의 컨디션을 반영하는 경우도 있다. 처음에는 꿈을 특수한 수면 상태로 생각할 것이다. 그래서 우리는 일반적으로 잠과 각성이라는 두 가지 상태만을 문제시한다. 그러나 영학이 말하는 꿈은 다른 두 가지 상태와 병행하여 독자적인 의미를 가진다. 영적 인식을 획득하는 과정에서 꿈에 어떠한 변화가 일어나는가는 이미 앞장에서 논한 바 있다. 꿈은 불규칙적이며 관련성 없는 무의미한 성격을 벗어나서, 점점 규칙적이며 서로 관련된 내용을 표현하기에 이른다. 수행이 진전됨에 따라 이러한 새로운 꿈의 세계는 감각적인 외적 현실에 필적할 정도로 진실한 내용을 담고 있을 뿐만 아니라, 그 속에 진실한 고차적 현실이 계시된다. 감각세계 속에는 여기저기 비밀과 수수께끼가 숨겨져 있다. 이러한 세계 속에도 영적인 것이 나타나 있지만, 오직 감각적 지각에만 의존하는 사람은 이 작용의 원인까지 알 수 없다. 그러나 꿈의 세계이면서도 이미 꿈이라 말할 수 없는, 이러한 새로운 꿈의 상태를 경험하는 수행자는 부분적으로나마 그 원인을 밝힐 수 있다. 물론 이러한 현상이 각성기의 수행자에게 일어나지 않는다면, 진정한 인식내용으로 인정될 수 없을 것이다. 따라서 꿈속에서 이루어지는 상태를 깨어 있을 때의 의식에까지 지속시키는 것이 수행자의 과제가 된다. 이러한 과제를 달성했을 때, 감각세계는 지금까지 전혀 몰랐던 새로운 내용으로 더욱 풍성해질 것이다. 선천적으로 눈이 먼 사람이 수술로 시력을 얻었을 때, 그의 시각 속에 주위의 사물들이 풍성한 모습으로 출현하는 것처럼, 이러한 견령능력을 얻은 사람은 주위 세계가 새로운 성격과 현상, 존재 등으로 가득 차 풍성하게 변하는 것을 느끼게 된다. 이미 영계를 체험하기 위하여 꿈꿀 필요는 없다. 필요한 때에는 항상 영적 지각을 얻을 수 있는 그러한 상태로, 자신의 의식을 전이시키면 되는 것이다. 이러한 의식상태와 수행자의 일상생활의 관계는 마치 일상의 인간이 적극적으로 감각을 작용시킬 때와 수동적으로 작용시킬 때의 관계와 똑같은 의미를 가진다.

그러므로 수행자가 혼의 감각을 작용시키면, 육체적 감각으로는 느낄 수 없는 사물을 볼 수 있다는 말은 사실이다.

이런 상태는 한층 높은 인식상태로 이행하는 하나의 단계에 지나지 않는다. 계속적으로 일정기간 수행을 하면, 꿈에 근본적인 변화가 일어날뿐더러, 꿈이 없는 깊은 잠에 이르기까지 이 변화가 영향을 미치게 된다. 지금까지 의식이 없던 깊은 잠 속에, 의식화된 체험이 하나하나 침투해 들어간다. 그때, 완전한 잠의 상태에서 지금까지 경험하지 못한 종류의 지각내용이 솟아오른다. 이러한 지각내용을 언어로 표현하는 것은 물론 쉽지 않다. 왜냐하면 우리들의 언어는 감각세계를 위해 만들어진 것으로, 감각세계에 속하지 않는 것에 대해서는 근사적인 표현만 가능하기 때문이다. 그럼에도 불구하고 영계를 언어로 표현하고자 할 때, 우리는 비유를 사용하지 않을 수 없다. 세계의 모든 것은 공통점을 가지고 있으므로 비유가 전혀 불가능한 것은 아니다. 고차적 세계의 현상이나 존재도 감각세계의 현상이나 존재와 공통점을 가지고 있기 때문에, 그런 한에서 이해하려 한다면, 감각계에서만 통용되는 언어로도 고차적 세계에 대해 설명할 수 있다. 단, 초감각적 세계를 표현하는 데에는 항상 비유와 상징이 필요하다는 것을 알아두자. 그래서 수행에서도 부분적으로만 일상 언어를 사용하고, 대부분의 경우에는 상징언어를 사용한다. 수행의 과정에서 이러한 상징적 표현을 익힌다. 그렇다고 해서 일상언어로 영계의 성격을 기술하는 것 자체를 부정하는 것은 아니다.

깊은 무의식적인 잠의 바다에서 솟아오르는 체험들에 대해 하나의 관념을 가지고 싶다면, 그것을 듣는 행위와 비교하는 것이 좋다. 그것은 지각된 소리나 언어로서 기술될 수 있다. 꿈의 체험들이 비유적으로, 일종의 시각체험으로 서술되는 것이 적절한 것처럼, 깊은 잠의 체험들은 청각체험과 비교된다(여기에서 덧붙인다면, 영계에서의 보는 행위는 듣는 행위보다 높은 차원의 체험내용을 나타내고 있다. 이 세계에서도 색채는 소리나 언어보다도 고차의 존재이다. 그러나 수행자가 먼저 지각하게 되는 것은, 그러한 고차의 색채가 아니라 보다 저차원의 소리이다. 단지 수행자가 영적 체험으로 곧바로 색채를 지각하는 것은 깊은 잠 속에서보다는 꿈을 꾸는 잠 속에서 개시되는 세계 쪽이, 한층 자기에게 가까이 존재하기 때문이다. 잠 속에서 개시되는 고차의 세계는 수행자에 있어서, 아직 가까운 곳에 있는 것이 아니다. 이 때문에 이러한 세계는 우선 소리나 언어를 통하여 계시된다. 시간이 지나면, 이 세계에서도 색채나 형태까지 도달할 수 있다).

깊은 잠 속의 체험을 의식화할 수 있게 된 수행자의 다음 과제는 그것을 가능한 한 명확히 하는 것이다. 처음에는 무척 힘들 것이다. 왜냐하면 이 상태에서 체험되는 지각내용은 처음에는 매우 사소한 정도에 지나지 않기 때문이다. 눈을 뜨고 무엇인가를 체험했다는 것을 알 뿐이다. 그러나 무엇을 체험했는가는 알 수 없다. 처음의 이런 상태에서 무엇보다 중요한 것은 평정한 태도를 가지고 단 한순간이라도 불안이나 초조감에 사로잡히지 않는 일이다. 불안이나 초조는 어떤 경우에도 나쁜 영향을 끼친다. 그것 때문에 진보가 촉진되는 일이란 결코 없으며, 늘 방해받는 게 고작이다. 조용히, 자신에게 주어지는 것, 다가오는 것을 받아들여야 한다. 억지스런 태도는 버려야 한다. 이 시점에서 깊은 잠 속의 체험이 아직 일어나지 않으면, 인내심을 가지고 그것이 가능할 때까지 기다릴 일이다. 그때가 반드시 찾아온다. 인내심을 가지고 평정한 태도로 기다려 온 경우의 지각능력은 지속적이지만, 무리한 노력을 하면 한 번 생성된 체험도 장기간 사라져버릴 수 있다.

이 지각능력이 생기고 수면상태가 완전히 명료하게 의식되면, 다음에는 이 체험 속에서 두 가지를 정확히 구별해내야 한다. 한 종류의 체험은 지금까지 경험해 온 모든 것과 전혀 다르다. 이 체험은 환희를 가져다준다. 처음으로 이런 체험을 하는 수행자는 이루 말로 표현할 수 없는 감동에 휩싸일 것이다. 그러나 이러한 체험에 사로잡혀서는 안 된다. 그것은 훨씬 후에나 만나게 될, 고차적 영계의 최초의 예고편에 지나지 않는다. 그러나 다른 한 종류의 체험은 무시해서는 안 된다. 주의깊게 관찰하면, 그것은 일상생활과의 깊은 관련을 나타내고 있다. 평상시 마음을 번잡하게 했던 일들, 이해하고 싶었지만 통상의 판단력으로는 이해할 수 없었던 일들이, 이러한 수면체험에 의해 해명된다. 인간은 일상생활 속에서 주위의 사물에 대하여 이런저런 생각을 한다. 그리고 사물 상호의 관계를 알기 위해서 생각한다. 감각이 지각하는 것을 개념적으로 이해하려 한다. 지금 문제삼고 있는 수면체험은 이러한 사고내용이나 개념과 관계가 있다. 지금까지는 몽롱한 그림자와 같은 존재였던 개념이 이 체험 속에서 생생한 울림으로 가득 찬다. 여기서는 그것을 감각세계의 소리나 언어로 비교할 수밖에 없다. 수수께끼를 풀려는 사람에게, 고차의 세계에서 그 해답이 소리와 언어가 되어 속삭여오는 것 같다. 그렇게 하여 수행자는 다른 세계에서 다가오는 것을 일상생활과 연결시킬 수 있게 된다. 여태까지는 단지 사고만으로 파악해온 것들이 감각적으로 대상을 지각하는 것처럼 확실하고 구체적으로 체험된다. 감각계의 사물은 결코 감각으로만 나타나는 것이 아니다. 그것은 어떤 영계의 표현이며 유출이다. 지금까지 숨겨져 있던 이 영계가, 이제 수행자의 주위환경 전체에서 울려나오는 것이다.

이러한 고차의 지각능력이 수행자에게 하나의 축복이 되기 위해서는 꽃피어난 혼의 감각이 질서잡혀져 있어야 한다. 통상의 감각기관도 세계를 올바르게 관찰하기 위해서는, 합법칙적인 질서 위에 서 있어야 한다. 그것은 당연한 일이다. 그렇기 때문에 수행자는 질서잡힌 고차의 감각을 올바른 행법을 통하여 형성시키려 하는 것이다. 이러한 행법에 집중의 행이 있다. 이것은 우주의 비밀을 암시하는 특정의 표상 또는 개념에 주의력을 집중하는 행이다. 또 명상의 행이 있다. 이것은 이러한 이념 속에 살아가는 것이며, 이미 앞에서 말한 방식으로 그 속에 완전히 몰입해 들어가는 것이다. 집중과 명상을 통하여 수행자는 자신의 혼에 작용을 가한다. 그리고 혼 속에 영적 지각기관을 육성한다. 집중과 명상의 행에 몰두하는 사이에, 마치 모태 속에 태아가 성장해 가듯이, 수행자의 육체 속에 혼이 성장해 간다. 그리고 수면중에 지금까지 말해 온 체험들이 나타날 때, 자유로운 혼이 탄생하는 순간이 다가오는 것이다. 그리하여 그의 혼은 이제, 말 그대로, 전혀 다른 존재로 변한다. 수행자는 그것을 더욱 성장시키고 성숙시킨다. 집중과 명상의 행은 세심한 주의를 필요로 한다. 이 두 가지 행법은, 앞에서 말한 고차적 인간(혼적 존재)의 성장과 성숙을 위한 법칙이기 때문에, 엄격히 지켜져야 한다. 혼적 존재가 탄생하려 할 때, 그것이 조화롭게 분절화된 유기체로 나타날 수 있도록 세심한 주의를 기울여야 하는 것이다. 만일 행법에 결함이 있으면, 이러한 합법칙적인 유기체는 형성될 수 없으며, 영계에서도 생명력을 유지하지 못하고 유산되고 만다.

고차적 혼의 탄생은, 처음에는 깊은 잠 속에서 이루어진다. 어떤 저항력도 없는 섬세한 유기체가 일상생활의 가혹한 환경 속에서 생존할 수 없다는 점을 생각하면 당연한 것이다. 이 영묘한 유기체의 활동은 육체의 활동에 비해 눈에 띄지 않는다. 잠에 의해 육체가 활동을 정지하고 감각적인 지각이 이미 작용하지 않을 때에, 너무 섬세하여 거의 눈에 띄지 않는 고차적 혼의 활동이 나타난다. 그러나 여기서 주의해야 할 것은, 수행자가 눈뜨기 시작한 고차적 혼을 각성시의 의식까지 연장시킬 수 없는 한, 깊은 잠의 체험 내용은 그에

게 완전한 인식내용이 될 수 없다는 것이다. 이것을 획득하게 되었
을 때, 수행자는 일상생활 속에서도 영계를 객관적으로 지각하고, 주
위환경에 숨어 있는 영적 내용을 혼의 소리나 언어로서 파악할 수
있다.

이 단계에 이른 수행자는 많건 적건 서로 관련성을 가지지 않는
개개의 영적 체험들과 관계하게 된다. 이것을 확실히 의식해 두는
것이 중요하다. 수행자는 이러한 체험내용들을 통해, 하나의 완결된,
또는 상호 관련된 인식체계를 세우려고 해서는 안 된다. 이러한 시
도는 혼의 세계 속에, 모든 종류의 공상적인 표상이나 관념을 혼합
시켜 버릴 것이다. 그리고 진정한 의미에서 영적 세계에서 보았을
때, 의식 속에 전혀 엉뚱한 세계를 구축해내고 말 것이다. 수행자는
늘 더없이 엄격하게 자신을 제어하지 않으면 안 된다. 가장 올바른
태도는 개개의 체험내용을 점점 명확히 해나가면서, 자연스럽게 이
미 체험한 내용들이 저절로 결합해 가는, 새로운 체험을 획득하는
것이다. 이렇게 하여 깊은 잠 속에서 점점 의식의 활동 범위를 넓혀
간다. 그것은 수행자에게 작용해 오는 영계의 힘과 수행자 자신의
진솔한 수행에 의해 달성된다. 무의식적인 수면상태 속에서 솟아오
르는 개개의 체험내용의 양이 많아짐에 따라, 수면상태의 무의식적
인 부분이 적어진다. 그리고 수면 속의 체험내용들이 저절로 관계를
이루어가는 것이다. 이러한 관계는 감각세계의 법칙에 길든 오성적
인 관계짓기나 논리화 때문에 결코 혼란을 일으키지 않는다. 감각세

계의 사고습관이 부당하게 영적 체험을 간섭하는 경우가 적으면 적을수록 좋다. 수행자는 철저하게 이러한 태도를 지킴으로써, 고차의 인식에 이르는 과정에서, 수면중의 무의식 상태를 완전히 의식적인 상태로 변화시킬 수 있는 단계에 접근한다. 이때 인간은 잠을 잘 때도 깨어 있을 때와 똑같은 현실생활을 살아간다. 그렇지만 이 현실생활이 물질적 환경 속의 현실생활과 다르다는 것은 새삼 말할 것도 없다. 수행자는 감각세계의 단단한 지반을 잃어버리지 않기 위해서, 그리고 공상가가 되지 않기 위해서, 이러한 고차의 수면체험을 감각세계와 관련시키는 것을 배워야 한다. 그러나 처음에, 잠 속의 이 세계는 전혀 새로운 하나의 계시로 체험된다. 영학은 수면상태의 의식화를 달성하는 이 중요한 단계를 의식의 연속성이라 한다.*

이 단계에 도달했을 때, 육체의 활동이 휴식하고, 감각활동이 우리의 혼에 어떤 인상도 부여하지 않은 시간에도, 체험과 체험은 그칠 줄 모른다.

---

* 여기서 암시한 수면체험과 감각세계의 결합은 수행자에게는 기나긴 도정을 거친 후에 도달할 수 있는 하나의 이상이다. 수행자 최초에 체험하는 것은 두 가지 상태, 즉 지금까지는 단순한 불규칙적인 꿈에 지나지 않았던 상태의 의식화이며, 무의식적이며 꿈이 없는 수면상태의 의식화이다.

인격의 분열

수면중 인간의 혼은 물질적인 감각기관에서 정보를 받아들이지 않는다. 외계의 지각내용은 혼으로 흘러들어오지 않는다. 이 관점에서 볼 때, 혼은 각성시의 감각적 지각과 사고를 가능하게 해주는 신체의 외부에 존재한다. 수면중의 혼은 육체의 감각으로는 파악할 수 없는 영묘한 신체부분(에테르체와 아스트랄체)과 결합되어 있다. 이러한 영적인 신체는 수면중에도 결코 그 활동을 정지하지 않는다. 육체가 물질계 속에서 사물과 결합하여 그 작용을 받아들이고 또 거기에 작용을 가하듯이, 혼 또한 고차의 세계 속에서 그러한 방식으로 살아간다. 혼의 생활은 수면중에도 계속된다. 수면중에도 생동감있게 활동하고 있다. 그러나 인간은 자신의 이러한 활동을 영적 지각기관 없이는 인식할 수 없다. 영적 지각기관을 가질 수 있다면, 수면중에도 주위에서 일어나는 사건이나 그 자신의 활동을 각성시의 물질환경을 지각하는 것과 같은 정도로 확실하게 관찰할 수 있다. 수행이란 이러한 영적 감각기관을 형성하려는 노력이다.

수행을 통하여 수면에 변화를 일으킨 수행자는 수면중에도 자신의 주위에서 일어나는 모든 일들을 자유롭게 추구할 수 있다. 그는 각성시의 일상생활과 똑같이, 주위세계를 자유롭게 걸어다닐 수 있다. 물론 수면중에 주위의 감각세계가 지각되었다면, 그것은 이미 고도의 견령능력의 현현이다(여기에 관해서는 이미 전장에서 논하였다). 수행자는 그 영적 능력의 시작에 있어서, 영계에 속한 사물과 현상만을 지각할 뿐, 그것과 감각세계의 사물들의 관련성은 아직 인식하지 못한다.

　꿈과 수면생활에서 전형적으로 출현하는 일들은 각성시에도 존속하고 있다. 혼은 밤과 낮 구별 없이 고차의 세계 속에 살아가면서 활동하고 있다. 그리고 고차 세계의 자극으로 끊임없이 육체를 활동시키고 있다. 단지 인간은 이 혼의 활동을 무의식적으로 행하고 있을 뿐이다. 그러나 수행자는 그것을 의식화한다. 의식화함으로써 그의 인생은 전혀 다른 것으로 변한다. 혼은 영적 의미에서 시각화되지 않는 한, 자기보다 높은 영적 존재들의 인도를 받고 있다. 그리고 수술에 의해 눈을 뜬 사람이, 이제는 자기의 손을 끌어줄 사람을 필요로 하지 않는 것처럼, 수행에 의해 수행자의 생활에도 변화가 일어난다. 이제 더이상 다른 사람의 지도를 필요로 하지 않고, 자신의 삶을 자신이 책임진다. 그렇게 되면 당연히 일상의식이 예감할 수 없는 여러 가지 위험과 오류에 노출된다. 지금까지 고차의 영들이 자신에게 의식되지 않았다 하더라도, 좋은 영향을 끼쳐왔다. 그는 이러한 상황에서 벗어난다. 그를 인도하던 고차의 영은 우주의 조화와 질서 속에서 살아가고 있다. 이제 수행자는 이 우주 조화의 밖으로 나온다. 여기서 그는 자신을 위해, 그 자신이 알지 못하는 곳에서 행해지던 일을 스스로 떠맡는다.

이러한 전제하에서, 영학의 저술은 고차 세계로의 입문과 관련된 위험에 대하여 여러 가지로 지적하고 있다. 때로는 소름이 돋을 정도로 무서운 방식으로 영적 생활을 엿보게 한다. 그러나 위험은 필요한 주의사항을 무시할 때에만 존재한다는 것을 잊어서는 안 된다. 여기에 반하여 진실한 길을, 필요한 주의사항을 고려하면서 수행하는 경우에는, 어떤 대담한 공상력도 따르지 못할 압도적인 힘과 위대한 체험들과 함께, 영계입문이 이루어진다. 결코 건강을 해치거나 생명의 위험에 처하는 일은 없다. 수행자는 모든 곳에서 우리의 삶을 함정에 빠뜨리고, 몸의 털을 곤두서게 하는 어떤 존재의 힘을 인식할 수 있게 된다. 그는 자신을 위하여, 감각적 지각으로는 알 수 없는 어떤 유의 힘이나 존재를 이용할 수도 있다. 거기에 커다란 유혹이 있다. 그러한 힘들을 이해관계를 위해 올바르지 않게 이용하거나, 영계에 대한 어정쩡한 지식에 기초하여 잘못된 방식으로 이용하려 하는 것이다. 이 방향에서 특히 중요한 영적 체험(이를테면 "문지방의 수호령"과의 만남)에 대해서는 후에 말할 생각이다.

그러나 우리가 그 존재를 모르고 있다 하더라도, 인생에 적의를 품은 영들이 존재하고 있다. 이것을 무시해서는 안 된다. 여태 숨겨져 있던 세계로 밝은 의식을 가지고 들어갈 때, 지금까지 고차의 힘들

에 의해 제어되어온 이러한 영들과 수행자의 관계에 변화가 생길 수
도 있다. 이것은 의심할 바 없는 사실이다. 이것으로 인해 그 자신의
존재는 한층 높이 오르며, 활동범위 또한 매우 넓어진다. 진정한 위
험은 영적 경험에 임하여 수행자가 인내심을 가지지 못하고, 너무도
빨리 자신을 독립시켜 초감각적 법칙을 충분히 인식할 수 있을 때까
지 겸손한 태도를 유지하지 못했을 경우에 일어난다. 영적 체험의
영역에서 겸허함과 겸손함은 일상생활의 그것보다 훨씬 더 현실적
인 의미를 가지고 있다. 이러한 말들이 의미하는 바를 진실로 올바
르게 받아들일 때만, 영계 입문은 건강이나 생명에 관한 위험 없이
반드시 실현될 수 있다. 특히 주의해야 할 일은 영적 체험과 일상생
활이 불협화음을 일으키지 않게 하는 일이다. 어떤 경우에도 인간의
사명은 이 지상에서 구해져야 한다. 지상의 사명을 벗어던지고 별세
계로 도피하려는 사람은 결코 목표를 달성할 수 없다.

　감각이 지각하는 것은 세계의 일부분에 지나지 않는다. 그리고 영
계에도, 감각적 세계의 현실들 속에도, 자기를 표현하는 영들이 있
다. 인간은 영계에 관여하여 그 계시를 감각계 속으로 가지고 들어
와야 한다. 인간이 지상을 변혁할 수 있는 것은 영계에서 탐지한 일
들을 지상에 이입하는 행위에 의해서이다. 이것이야말로 인간의 사
명이다. 감각적인 지상의 세계는 영계에 의존하고 있다. 창조적인 힘
들이 감추어져 있는 저 세계에 관여할 때, 비로소 인간은 이 지상에
서 가치있는 활동을 할 수 있다. 그러한 이유에서 영계 입문을 지향

해야 한다. 수행에 임하여 이런 사고를 유지하고, 어떠한 일이 있어도 그 수행의 길에서 벗어나지 않는다면, 어떤 위험도 두려워할 필요가 없다. 위험을 예상하여 수행을 회피해서는 안 된다. 오히려 위험이 예상되면 될수록, 수행자가 가져야 할 덕성들을 진실하게 추구해야 할 것이다.

이러한 전제하에, 일체의 겁먹은 태도를 멀리하고, 다시 몇 가지 위험에 대하여 말하기로 하자. 수행을 통해 수행자의 에테르체와 아스트랄체에 큰 변화가 일어나는 것은 너무도 당연하다. 이 변화는 사고(思考), 감정(感情), 의지(意志)라는 혼의 기본적인 세 가지 힘의 진화과정과 관련되어 있다. 수행 이전의 세 가지 힘은 고차의 우주법칙에 따라 서로간에 특정한 결합을 유지하고 있다. 인간은 제멋대로 욕망하고, 느끼고 사고하지는 않는다. 예를 들어 특정한 표상이 의식 속에 나타나면, 자연히 특정의 감정이 거기에 결합하게 되어 있다. 그리고 그것과 필연적인 관련성을 가진 결단을 불러일으킨다. 어떤 방에 들어가 답답함을 느끼면 창문을 열 것이다. 자기의 이름이 들려오면 거기에 주의를 기울인다. 질문을 받으면 대답한다. 악취를 발하는 쓰레기를 보면 불쾌한 감정을 가진다. 이러한 현상은 사고와 감정과 의지의 단순하면서도 필연적인 관련성을 나타낸다. 그리고 우리들의 삶이란 모두 이러한 관련하에서 성립하는 것이다. 정상적인 인간이란 사고와 감정과 의지가 이러한 관련성을 나타내는 사람을 말한다. 그 관련성은 인간성을 기초로 하여 성립하고 있

다. 만일 누군가가 악취를 맡고 쾌감을 느끼거나, 무엇을 물어보아
도 전혀 대답하려 하지 않는다면, 그것은 인간성에 반하는 태도라
할 수 있을 것이다. 정상적인 교육의 성과는 사고와 감정과 의지 사
이에 인간성에 적합한 연관성이 학생의 몸에 배어날 때, 비로소 나
타나는 것이다. 선생이 제자에게 특정의 관념을 가르치려는 것은, 일
정한 시간이 지나 그 제자가 그 관념을 감정이나 의지에 결합시키리
라 생각하기 때문이다. 이 모든 것은 인간의 영묘한 에테르체와 아
스트랄체 속에서 사고, 감정, 의지라는 세 가지 혼의 힘의 각 중심점
이, 질서있게 서로 결합되어 있기 때문에 가능하다. 에테르체와 아
스트랄체에서 일어나는 이러한 결합은 육체 속에 반영되어 있다. 육
체에도 의지의 기관은 사고나 감정의 기관과 질서있게 결합되어 있
다. 그 때문에 특정의 사고내용은 규칙적으로 감정이나 의지의 활동
을 불러일으킨다. 영적 진화의 단계에 들어선 인간에게는 이러한 세
개의 기본적인 혼의 힘을 결합시키고 있는 실이 끊어져버린다. 최초
의 이 단절은 지금 말한 영묘한 혼의 조직체 속에서만 일어난다. 그
러나 수행이 진전됨에 따라 이 분열은 육체에도 나타난다(인간이 고
도의 영적 발전을 성취하면, 두뇌는 서로 구분될 수 있는 세 부분으
로 나누어진다. 물론 이 분열은 통상의 감각적인 관찰로서는 발견할
수 없고, 어떤 정교한 관측기기를 사용한다 하더라도 증명할 수 없
다. 그러나 이 분열은 실제로 일어난다. 견자는 그것을 관찰할 수단
을 가지고 있다. 뛰어난 견자의 두뇌는 각각 독립된 작용력을 가지

는 사고두뇌, 감정두뇌, 의지두뇌의 세 부분으로 나누어진다).

　이렇게 사고, 감정, 의지의 기관은 각각이 독립한 존재가 된다. 이
세 부분의 결합은 이미 거기에 심어져 있는 규칙으로는 달성될 수
없기 때문에, 자신 속에 각성된 높은 의식에 의해 새롭게 이루어져
야 한다. 이것이 수행자가 후에 스스로 인정할 수 있는 변화이다. 이
제 수행자는 자신이 의식적으로 배려하지 않는 한, 자신의 표상과
감정, 또는 감정과 의지 사이에 어떤 연관성도 생기지 않는 상태에
처한다. 어떠한 유인도, 만일 자신이 의식적으로 스스로에게 작용시
키려 하지 않는다면, 사고에서 행위로 전환되지 않는다. 예전이라면,
불타는 듯한 애정이나 형언할 수 없는 혐오감에 사로잡혔을 사실에
직면했어도, 아무런 느낌 없이 그 앞에 설 수 있다. 자기도 모르는
사이에 정열적으로 행동에 옮겼을 그런 사고내용을 가슴속에 품고
있다 하더라도, 아무것도 하지 않고 가만히 있을 수 있다. 한편 수행
을 하지 않는 사람이 볼 때, 아무런 동기도 존재하지 않는 듯한 의
지로 행동을 할 수 있다. 수행자에게 일어난 위대한 성과란, 이 세
가지 혼의 힘의 협동작용을 완전히 자유롭게 행할 수 있다는 데에
있다. 그러나 이 모든 협동작업의 책임은 그 자신이 짊어져야 한다.

　이러한 본질적인 변화에 의하여, 비로소 수행자는 초감각적 존재
의 힘과 의식적인 연계성을 가질 수 있다. 수행자 자신의 혼적 힘이
우주의 근본적인 힘과 친화될 수 있게 된다. 그의 의지력은 영계의
특정한 존재에 작용할 수가 있고, 또 이러한 존재를 지각할 수도 있

다. 그러나 이것이 가능한 것은, 이 의지력이 혼 내부의 감정과 사고의 연계성에서 자유롭게 되었을 때에 한한다. 이 관련성에서 해방됨과 동시에, 의지의 작용은 외부로 향하여 확산된다. 사고와 감정의 힘에도 같은 말이 가능하다. 만일 누군가가 그에게 저주의 감정을 품고 있다면, 그 감정은 견자의 눈에 일정한 색채를 가진 영묘한 빛의 구름으로 나타난다. 견자는 자기를 쳐오는 날카로운 칼끝을 물리치듯이, 이 저주의 감정을 흘려보낼 수 있다. 초감각적 세계에서 저주란 눈에 보이는 현상이다. 수행자는 자신의 감정 속에 존재하는 힘을, 마치 일상적 인간이 외부의 대상으로 눈을 돌리듯이 외부로 향하게 할 수 있을 때, 이러한 저주를 지각할 수 있다. 저주뿐만 아니라 지상적 생활에 있어서 무척 의의있는 일들에 관해서도 같은 말을 할 수 있다. 수행자는 혼의 기본적인 세 가지 힘을 하나하나 자유롭게 구사함으로써, 그러한 일들과도 의식적으로 관계할 수 있다.

영학의 가르침을 무시하면 사고, 감정, 의지력의 이러한 상호분열은 수행 과정에서 세 가지 오류를 범할 가능성을 열어둔다. 이러한 오류들은 고차의 의식이 상호 분열한 세 가지 힘을 언제든지 자유롭게 조화시킬 수 있는 능력을 얻기 이전에, 이미 그 분열을 달성해 버린 경우에 일어난다. 왜냐하면 혼의 세 가지 힘이 모두 같은 수준의 진보를 성취하는 일이란 대체로 있을 수 없기 때문이다. 한 가지 힘이 다른 힘보다 우위를 점할 수 있는 것이다. 고차의 우주법칙에 의해 이 세 가지 힘의 상호관계가 균형을 이루고 있을 동안에는, 특정한 힘이 우위를 점한다고 해서 영적인 장애가 일어나지는 않는다. 예를 들어, 의지적인 인간의 경우라 하더라도 사고와 감정이 이 법칙에 의해 조화롭게 작용하여 강렬한 의지의 힘이 혼의 상태를 악화시킬 수 없도록 한다. 그러나 의지적 인간이 영학을 배우면, 감정이나 사고의 조화된 영향력은 강력한 힘을 끊임없이 행사하려는 의지에 대해 완전히 무력해지고 만다. 수행자의 고차적 의식이 스스로 조화를 이루어갈 수 있는 경지에 도달해 있지 않으면, 제어할 수 없는 의지가 폭주하여 자신의 주인을 눌러버린다. 그래서 감정과 사고는 완전히 무력한 상태에 빠지는 것이다. 그 사람은, 자신을 노예처럼 지배하는 권력의지에 의해 채찍질당하는 것이다. 어떠한 구속도 받지 않고 행위에서 행위로 질주하는 폭력적인 인간이 출현한다. 감정이 무제한 합법적 제약에서 해방될 때, 제2의 사도(邪道)에 빠진다. 타인을 숭배하는 경향을 가진 사람은 끝없이 의존성을 추구하면서 자신의 의지나 사고를 완전히 잃어버리고 만다. 고차의 인식 대신에, 가련하기 짝이 없는 공허하고 무기력한 생활이 이런 사람의 운명이 된다. 또는 그 강렬한 감정이 경건함을 요구하는 종교적인 것에 기울어지기 쉬운 성격의 사람은, 그 자신을 맹신적인 종교적 열광으로 몰아간다. 사고가 압도적인 지위를 점할 때, 제3의 악이 탄생한다. 이 경우는 일상생활을 적대시하는 자기 폐쇄적인 은둔생활이 시작된다. 이러한 사람에게 세계란 무한히 강렬해진 인식충동을 만족시키는 대상을 제공해 주는 한에서만 의미를 가질 수 있다. 그 사람의 감정이나 행동은 어떠한 사고내용에 의해서도 자극받지 않는다. 모든 것에 차가운 무감동의 태도가 나타난다. 일상적 현실과 관계하는 것은 구토를 일으키게 할 따름이다.

이상이 수행자가 빠지기 쉬운 세 가지 사도이다. 폭력적인 인간, 감정적 탐닉, 애정이 결핍된 차가운 인식충동이다. 이렇게 사도에 빠진 사람을 외부에서, 또는 유물론적인 의학의 관점에서 바라보면, 그 정도의 차는 있지만, 치료를 필요로 하는 정신병 환자, 중증의 "신경증 환자"로 보일 것이다. 수행자가 정신질환자와 닮아 있다는 것은 용납될 수 없다. 그에게 지금 필요한 것은, 미리 배려되어 있던 사고, 감정, 의지라는 혼의 세 가지 기본적인 연계성을 잃어버리기 전에, 그리고 새롭게 각성된 고차적인 인식에 의해 제어되기 이전에, 그것을 조화롭게 해두는 것이다. 왜냐하면 한번 사도에 빠져 오성의 혼적 힘이 구속 없는 상태에 빠지게 되면, 고차의 혼은 유산되어 버리기 때문이다. 그때는 구속이 없는 단일의 힘이 인간의 인격 전체를 지배한다. 그 상태에서 다시 한 번 균형과 조화를 회복한다는 것은 긴 시간 동안 불가능하다. 영학을 수행하기 이전에는 천진난만한 성격으로 여겨지던 것이, 수행에 의해 인생에 있어 그 무엇보다 소중한 보편적 인간성을 잃어버리는 사태로 발전해버리고 만다. 이것은 수행자가 수면상태에서 얻은 영적 체험을 일상으로 이입시킬 수 있는 능력을 획득하게 되었을 때, 비로소 심각한 사태를 불러일으킨다. 영적 인식이 잠이라는 휴식기의 체험에 빛을 비추는 데에 그치

는 한, 잠에서 깨어나면, 일반적인 우주 법칙으로 이루어지는 감각
생활이 깨어진 혼의 균형을 되찾도록 조화롭게 작용한다. 그러기에
수행자는 각성시의 생활을 모든 측면에서 규칙적이며 건전하게 유
지하도록 노력해야 한다. 영, 혼, 몸을 건전하게 육성하는 데 필요한
외부 세계의 요구에 따르면 따를수록, 바람직한 결과를 얻을 수 있
다. 여기에 반해, 일상생활이 선동적이며 소모적으로 작용할 때, 그
때문에 수행자의 내부에 일어난 커다란 변화에 대해 외적생활이 파
괴적이며 유해한 영향을 끼칠 때, 불행한 사태가 일어난다. 그러기
에 수행자는 자신의 혼의 힘에 잘 맞는 것, 자신을 자유롭고 조화롭
게 환경과 공존하게 해주는 것을 의식적으로 찾아야 한다. 조화를
해치는 것, 혼 속에 불안과 초조를 심어주는 그 모든 것을 회피해야
한다. 이때 중요한 것은, 불안과 초조를 외적인 의미에서 제거하기
보다는, 혼이 느끼는 기분, 의도, 사고 및 육체의 건강상태가 침해받
지 않도록 내적으로 노력하는 일이다. 이러한 모든 것은 수행 이전
만큼 용이하진 않다. 왜냐하면 그의 생활에 작용해오는 영적 체험들
이 끊임없이 그의 전존재에 영향을 끼치기 때문이다. 이 영적 체험
중에서 뭔가가 정상적이 아닐 때, 언제 그가 불행한 사태에 빠질지,
언제 사도로 떨어질지 알 수 없는 일이다. 그러므로 수행자는 늘 자
신의 전존재에 대한 지배력을 스스로 확보해 두어야 한다. 투철한
의식, 인생의 모든 상황에 대한 조용한 통찰을 지속하는 태도를 결
코 잊어서는 안 된다. 그러나 진실한 의미에서 수행자는 위에서 말

한 그 모든 덕성을, 언젠가는 자기 자신을 통하여 창출할 것이다. 그
리고 진실한 수행을 계속하는 한, 비록 위험이 나타난다 하더라도
필요한 순간에 언제든지 그것을 물리칠 충분한 힘을 가질 수 있다.

문지방의 수호령

"문지방의 수호령(守護靈)"과 만나는 것은 영계에 입문할 때의 가장 중요한 체험이다. 문지방의 수호령은 단일한 존재가 아니다. 그 본질상 "문지방의 소수호령"과 "문지방의 대수호령"으로 나누어진다. 전장에서 말한 바처럼, 영묘한 신체부분(에테르체와 아스트랄체)의 내부에서 의지, 감정, 사고의 연결고리가 풀어지기 시작할 때, 인간은 문지방의 소수호령과 만나고, 그 연결고리의 해소가 육체적 부분(특히 두뇌)까지 미칠 때, "문지방의 대수호령"과 마주한다.

"문지방의 소수호령"은 독립된 존재이지만, 상당한 발전단계에 도달하기 이전의 수행자는 어디서도 그것을 발견할 수 없다. 이 수호령의 본질적인 특징을 살펴보겠다.

수행자와 문지방의 수호령의 만남은 하나의 드라마 형식으로 기술할 필요가 있을지 모르겠다. 이 만남에 의해 비로소, 사고, 감정, 의지 속에 심어져 있던 연계성이 해체되었음을 수행자는 의식할 수 있게 된다.

자기도 모르게 오싹해지는 요괴 같은 존재가 수행자 앞에 서 있다. 그것과 마주하고 선 수행자는 투철한 의식을 가지고 있으며, 여태까지 충분한 수행을 쌓아온 자신의 인식력에 대하여 완전한 자신감을 가지고 있다.

"수호령"은 자신의 존재적 의미를 거의 다음과 같이 말한다. "지금까지 너의 눈에 나타난 적이 없던 영적인 힘이 너를 이끌어왔다. 그 힘은 여태까지 너의 인생에서, 선행에 대해서는 상을 내리고, 악행에는 응보가 있도록 작용해 왔다. 그 영향을 통하여, 인생경험과 사색을 기초로 하여 너는 자신의 성격을 형성해 온 것이다. 너의 운명은 이러한 힘이 작용한 결과이다. 그것은 너의 윤회전생의 한 시기에 할당된 기쁨과 고통의 양을, 전생(前生)에서 너의 행위에 따라 결정하였다. 그러한 힘은 일체를 포함하는 카르마 법칙의 형식을 띠고, 너에 대한 지배력을 행사해 왔다. 그러나 지금 이러한 힘이 그 지배권의 일부를 포기하려 하고 있다. 그리고 그것이 너에게 행한 것을, 네가 대신해서 행하지 않으면 안 된다. 지금까지 몇 번의 운명의 타격이 너를 뒤흔들었다. 너는 그 이유를 알 수 없었을 것이나, 그것은 지금까지 네 인생의 어느 시기에, 네가 행한 유해한 행동의 결과였던 것이다. 너는 행복을 손에 넣고, 기쁨을 찾아내어 그것을 누렸다. 그것 또한 예전에 네가 행한 것의 결과이다. 너의 성격은 아름답기도 하고 추하기도 하다. 너는 그런 성격을, 지금까지의 사색과 체험을 통하여 스스로 만들어낸 것이다. 너는 이런 과정을 고려

하지 않은 채, 단지 결과만을 문제삼아 왔다. 그러나 카르마〔업(業)〕
의 힘은 지금까지의 너의 행위, 여태까지 너의 마음속 깊은 곳에 숨
겨져 온 생각이나 감정, 그 모든 것을 지켜봐 왔다. 그리고 그것이
너를, 지금 존재하는 너, 지금 살아가는 너이게 한 것이다.

　그러나 이제, 과거의 그 모든 좋고 나쁜 것을 너 자신에게 밝혀야
한다. 그 모든 것은 너라는 존재의 내부에 직조되어 왔다. 그것은 네
안에 들어 있었지만, 네가 너의 머리 속을 들여다볼 수 없듯이, 그것
들을 바라볼 수 없었던 것이다. 그러나 지금에 이르러, 그것은 너의
내면에서 빠져나와 너라는 인격의 밖으로 나간다. 그리하여 너의 눈
이 외계의 돌이나 나무를 대하듯이 바라볼 수 있는 독립된 형상이
된다. 그리고 지금 여기에서 말을 하고 있는 나야말로 바로 그 형상
이다. 나의 이 모습은 너의 아름다운 행위와 추악한 행위를 소재로
하여 만들어진 것이다. 나의 이 요괴 같은 모습은 너 자신의 생활의
회계장부이다. 너는 지금까지 이런 모습을 볼 기회도 없이, 나를 너
안에 가두어두고 있었다. 그것이 너에게는 하나의 행운이었다. 왜냐
하면 너의 운명이 너의 눈에 감추어져 있었기 때문에, 나의 추악한
오점을 지우려고, 운명의 예지는 여태까지 너의 내면에서 남몰래 작
업을 계속할 수 있었기 때문이다. 지금 내가 너의 밖으로 나감으로
써, 이 감추어진 예지 또한 너로부터 떠나간다. 그것은 이미 너 따위
는 마음에도 두지 않을 것이다. 그리하여 예지의 작업은 너의 손에
맡겨질 것이다. 그리고 지금부터 내가 타락한다는 것은 허락될 수

없다. 나는 점점 완전하고 위대한 존재가 되어야 한다. 만일 내가 타락하기라도 하면, 너 또한 나와 함께 어두운 나락으로 떨어지고 말 것이다. 그렇게 되고 싶지 않다면, 너 자신의 예지를 갈고 닦아, 너로부터 떠나간 저 감추어진 예지의 과업을 계승해야 할 것이다. 네가 만일 내가 수호하는 이 문지방을 통과한다면, 이후 너의 눈앞에서 나는 사라지지 않을 것이다. 만일 그후에도 또다시 부정한 일을 저지르거나 하면, 너의 그 죄가 나의 모습을 추한 악귀로 변신시킬 것이다. 너 자신이 여태까지 범한 그 모든 부정한 행위에 종언을 고하고, 더이상 악행을 저지를 수 없을 정도로 자신을 정화시킨다면, 그때 비로소 나는 빛에 휩싸인 장엄한 모습을 가지게 될 것이다. 거기서부터 네 삶의 영광을 위하여, 다시 한 번 나를 너와 합일시킬 것이다.

그러나 내가 살아가는 이 문지방은, 너 자신 속에 아직 남아 있는 두려움, 모든 사고와 행위에 대해 스스로 책임지지 않으려 하는 성향에 네 자신을 내맡김으로써 성립하고 있는 것이다. 스스로의 힘으로 운명을 이끌어가는 일에 대해 어떤 두려움을 완전히 벗어던지지 못하는 한, 이 문지방을 벗어나는 데 필요한 준비는 갖추어지지 않았다는 것을 알아야 할 것이다. 단 하나의 벽돌이 부족해도 너는 이 문지방에 걸려 주저앉거나 쓰러져버릴 것이다. 네가 완전히 두려움에서 벗어나고, 어떠한 책임도 짊어질 수 있다는 느낌을 가질 때까지, 이 문지방을 통과하려 해서는 안 된다.

지금까지 나는 죽음이 너를 이 세상에서 떠나게 했을 때만 너의
인격 바깥으로 나갈 수 있었다. 그러나 그때도 나의 모습은 너의 시
야에는 감추어져 있었다. 너를 이끌어가는 운명의 힘만이 나를 알아
보며, 나의 모습을 보고 판단하여 죽음과 탄생 사이의 휴식기간 동
안, 너를 위해 내가 적절한 능력을 가질 수 있도록 작용해 왔다. 이
능력이란, 새로운 지상생활을 통하여, 너의 미래의 영광을 위하여 나
의 모습을 보다 아름다운 것으로 하려는, 새로운 탄생에 즈음하여
너에게 주어지는 능력을 말하는 것이다. 운명의 힘이 거듭거듭 너를
이 지상에 태어나게 하는 것은 내 모습이 아직 불완전하기 때문이
다. 네가 죽음을 맞이했을 때 나는 거기에 있었다. 그리고 그런 나를
아름답게 하기 위하여 카르마를 주도하는 힘이 네가 다시 이 세상에
태어나도록 배려한 것이다. 만일 네가 전생(轉生)을 통하여 무의식
적으로라도 나를 완전한 존재로 할 수 있었다면, 그때 너는 죽음의
손을 벗어나 나와 완전히 합일하여 불사의 존재가 되었을 것이다.

나는 네가 죽음을 맞이하는 순간에도 눈에 보이지 않는 모습으로
너의 곁에 있었지만, 오늘은 눈에 보이는 모습으로 너의 면전에 서
있다. 내가 수호하는 이 문지방은 네가 사후에 들어갔던 영역과 감
각세계의 경계이다. 지금부터 너는 완연한 의식을 가진 채 그곳으로
걸어 들어간다. 지금부터 너는 지상적인 육체를 그대로 간직한 채,
죽음의 나라, 아니 영생의 나라를 살아가는 것이다. 사실 나는 죽음
의 천사이기도 하다. 그러나 동시에 불멸의 영적 생활을 제공하는

자이기도 하다. 살아 있는 몸 그대로, 너는 나를 통하여 죽음을 체험하고, 그것에 의해 영원한 존재로의 재생을 체험하는 것이다.

지금 네가 발을 들이밀고 있는 이 영역은 너를 초감각적 존재들에게로 안내해 줄 것이다. 이 영역에서 너는 축복받을 것이다. 그러나 이 세계에서 최초의 만남은 너 자신의 운명의 소산인 바로 나와의 만남이어야 했다. 여태까지 나는 너의 생활을 살아왔다. 그러나 지금 나는 너를 통하여 나 자신의 존재에 눈을 뜨게 되었다. 그리고 나는 너의 미래의 행위에 대한 눈에 보이지 않는 규범이 될 것이며, 아마도 너를 끊임없이 질책하는 존재가 될 것이다. 너는 나를 끊임없이 개량할 의무를 짊어지게 될 것이다."

이상의 드라마 형식으로 암시한 내용을 단순한 상징적 표현으로 이해해서는 안 된다. 이것은 신비수행의 절실한 체험의 재현이다.*

---

* 이상의 기술에서 본 바와 같이 명백한 것이지만, 이 "문지방의 수호령"은 아스트랄적인 형상으로 수행자의 고도의 영적 직관에 의해 지각된다. 그리고 영학이란 이러한 영적 직관을 가르친다. 저차원의 마술(魔術) 의식(儀式)은 이 "문지방의 수호령"을 감각적인 지각의 대상으로 한다. 이때 특정의 재료를 혼합한 향을 이용한다. 마술사의 특별한 힘이 이 향연에 작용하여, 아직 결론에 도달하지 못한, 과정에 놓인 카르마의 힘으로 그 향연에 살아 있는 형상을 부여하는 것이다. 영시(靈視)의 행을 충분히 쌓은 사람은 이러한 감각적 형상에 의존할 필요가 없다. 만일 누군가가 충분한 준비도 없이, 아직은 과정상에 놓인 카르마의 감각적으로 살아 있는 존재와 마주한다면, 재난 많은 사도에 빠질 위험이 발생한다. 이러한 마술을 추구해서는 안 된다. 불워 리튼(Bulwer Lytton)의 소설 《자노니(Zanoni)》 속에, 이러한 문지방의 수호령에 관한 문학적 기술이 있다.

이러한 수호령의 요구에 응하려는 힘을 아직 내면적으로 느낄 수 없는 사람에 대하여, 수호령은 더이상 그가 앞으로 나아가지 않도록 경고할 것이다. 이를테면 아무리 추악한 모습을 하고 있다 하더라도, 이 수호령의 모습은 수행자 자신의 삶의 결과이다. 그 모습은 과거의 생활이 만들어낸 수행자의 성격이다. 생활의 결과가 그의 외부로 나와, 하나의 독립된 생존을 영위할 수 있는 상태까지 각성된 것이다. 그리고 이 각성은 사고와 감정과 의지가 서로 분리되지 않으면 일어날 수 없다. 영학에서 이 체험은 매우 중요한 의미를 가진다. 이 체험을 통하여 비로소, 자기가 어떤 영적 존재에 그 근거를 부여했다는 것을 느낄 수 있기 때문이다. 수행자는 이제 어떤 두려움에도 굽힘 없이, 그 괴이쩍은 모습을 직관할 수 있도록, 또 만남의 순간에 "수호령"을 가장 아름다운 존재로 만들고자 하는 명료한 의식을 가질 수 있는 마음의 준비를 갖추어두어야 한다.

다행히 문지방의 수호령과 만남을 가질 수 있었던 수행자가 죽음의 순간을 맞이했을 때, 그 죽음은 전생에서 경험한 죽음과는 전혀 다른 사실로서 받아들여진다. 죽음은 완전히 의식적으로 체험되며, 마치 낡아서 입을 수 없는 옷을 벗어던지듯이, 그는 자신의 육체를 벗어던진다. 수행자에게 죽음이 특별히 큰 사건이 되는 이유란, 함께 살아온 사람들과의 이별 때문이며, 아직도 물질적인 세계만을 현실세계로 생각하는 사람들을 걱정하기 때문이다. 그러한 사람들에게 수행자는 "죽어 버렸다". 그러나 수행자 자신의 주위세계는 그리 특별한 변화도 없다. 그가 생전에 체험해 온 초감각적 세계는, 그때는 거기에 맞는 방식으로 자기 앞에 존재하고 있었고, 사후는 사후에 알맞은 방식으로 자기 앞에 현존하고 있는 것이다. 이 "문지방의 수호령"은 다른 일과도 연관되어 있다. 이 세상 사람들은 모두 어떤 가족, 민족, 종족에 속한다. 그 삶은 어떤 공동체에 속하는가에 따라 좌우된다. 그 자신의 성격도 이것과 연관성을 가지고 있다. 그리고 인간 개개인의 의식활동만이 가족, 혈족, 민족, 종족과의 관계에서 고려되어야만 할 그 모든 것이 아니다. 가족의 성격, 민족의 성격 등이 존재하는 것처럼, 가족의 운명, 민족의 운명 또한 존재한다. 자신의 감각적 지각에만 머물고 있는 사람에게 이러한 사항은 일반적인 개념에 지나지 않을 것이다. 유물론자들은 가족이나 민족의 성격, 종족이나 인종의 운명이 현실적인 인간의 운명이나 성격처럼 현실적인 존재형식을 띠고 있다는 영학자의 주장에 냉소를 보낼 것이다. 그러나 영학자는 마치 머리나 손발이 인간의 일부인 것처럼, 개개의 인간이 그와 같은 의미에서 손발일 수 있는 고차의 세계들(혼계, 영계)을 알고 있다. 그런 의미에서 가족, 민족, 인종의 활동 속에는 개개의 인간을 떠나서도 완전히 현실적으로 존재하는 가족의 혼, 민족의 혼, 인종의 영이 작용하고 있는 것이다. 어떤 의미에서 개개의 인간이란, 이러한 가족의 혼, 인종의 영 등의 단순한 집행기관에 지나지 않는다고 할 수 있다. 이를테면 어떤 민족의 혼이 그 민족에 속하는 개개의 인간을 이용하여 특정의 일을 성취시키게 한다는 말은 틀림없는 진실이다. 민족의 혼은 자신의 의도를 물질적 감각세계에 실현하기 위하여, 개개의 인간 육체를 도구로써 사용하고 있다. 그것은, 차원은 다르지만, 마치 건축가가 건물의 세부를 완성시키기 위하여 장인을 부리는 것과 비슷하다. 어떤 사람도 이러한 언어가 가진 가장 진실한 의미에서, 가족과 민족의, 나아가서 인류의 혼으로부터, 자신이 행해야 할 역할을 부여받고 있다. 그렇지만 감각적인 세계에 머물고 있는 인간은 자신이 행하는 일이 가지고 있는 이러한 고차적 프로젝트의 성격을 결코 인식하지 못한다. 그는 무의식적으로 민족이나 인종의 혼의 의도에 따라 일을 행하고 있다. 수행자는 문지방의 수호령과 만남을 가진 이후로, 그 자신의 개인적인 입장을 의식할 뿐만 아니라 민족이나 종족에 부여된 사명에 대해서도 의식적이어야 한다. 그의 시야가 넓어짐에 따라, 그가 행하지 않으면 안될 의무의 범위 또한 넓어지는 것이다. 이것의 현실적인 과정은 수행자가 자신의 아스트랄체에 새로운 아스트랄체를 추가시키는 과정이기도 하다. 그는 또 한 벌의 옷을 걸친다. 지금까지 그는, 그 자신만을 감싸는 혼의 의복을 걸치고 세계를 살아왔다. 그리고 그 자신이 속하는 공동체를 위하여, 민족과 인종을 위하여, 해야만 할 일에 대해서 그를 도구로 사용하고 있는 고차의 영들이 고려해 왔다. 그러나 "문지방의 수호령"은 그에게, 앞으로 고차의 영들이 그에게로 향한 일체의 배려에서 손을 떼리라는 것을 알려왔다. 그는 공동체의 온상에서 밖으로 나오지 않으면 안 된다. 지금 만일 그가 민족령과

종족령의 힘을 지니지 못한다면, 그는 고립되어 완전히 자신의 내부에만 단단히 얼어붙은 채, 파멸의 길로 나아갈 것이다. 많은 사람들이 말할 것이다.

"아, 드디어 나는 일체의 민족적, 인종적 굴레에서 자유로워졌다. 나는 단지 인간이고 싶다. '인간 이외의 무엇'이고 싶지 않다."

이런 사람에게는 다음과 같이 말해야 한다.

"그렇다면 도대체 누가 너에게 그러한 자유를 주었는가. 네가 지금 여기서 살아가고 있는 방식으로, 너를 이 세상으로 이끌어준 것은 너의 가족이 아니었던가. 너를 현재의 너이게 한 것은 너의 혈족, 너의 민족, 너의 인종이 아니었던가. 그것들이 너를 교육해 주었다. 그리고 만일 네가 모든 편견을 벗어던지고, 너의 혈족이나 나아가 네가 속한 인종의 지도자가 되고 은인이 되었다면 그것은 혈족이나 민족이나 인종의 교육의 덕택이 아닌가. 네가 인간 이외의 무엇도 아니라고 생각할 때도, 그리고 네가 실제로 그러한 존재가 되었다는 사실조차, 네가 속한 공동체의 영들의 덕택이다."

그는 이제 민족의, 혈족의, 그리고 인종의 영에서 완전히 벗어난다는 것이 무엇을 뜻하는지를 확실히 인식할 수 있게 된다. 지금 그는 이제부터 자신이 걸어야 할 인생에서, 이 모든 교육이 전혀 의미를 잃어버리는 경지를 체험할 것이다. 왜냐하면 여태까지의 모든 관계가 사고, 감정, 의지의 연관성이 단절됨으로써 완전히 해소되어 버리기 때문이다. 그는 지금까지 받아온 모든 교육을 돌이켜본다. 그것은 마치 부서져내린 기왓장을 하나하나 다시 쌓아올려야 할 붕괴한 집을 바라다보는 것과 같다. 문지방의 수호령이 최후의 경고를 발한 뒤, 그가 서 있던 곳에서 한 줄기 바람이 불어와, 여태까지 인생의 행로를 밝게 비추어주던 등불은 꺼져버린다. 이것을 단순한 비유로 생각해서는 안 된다. 지금 수행자의 앞에는 새카만 어둠이 퍼져간다. 문지방의 수호령에서 퍼져나오는 빛이 그 어둠을 간간이 비출 뿐이다. 그리고 그 어둠 속에서 수호령의 다음과 같은 경고의 목소리가 울려퍼진다.

"너 자신이 이 어둠을 밝힐 수 있을 때까지 빛나라. 그 동안은 이 문지방을 통과하려 하지 말라. 너 자신의 촛불을 한없이 밝게 할 수 있다는 확신을 가질 때까지, 단 한 발자국도 앞으로 나아가려 하지 말라. 지금까지 너를 이끌어주었던 등불은 이미 존재하지 않는다."

이 말을 듣고 수행자는 불현듯 몸을 돌려 눈길을 뒤로 던진다. 그러면 문지방의 수호령이 여태까지 인생의 깊은 비밀을 감추고 있던 베일을 걷어준다. 혈족, 민족, 인종의 수호령들이 그 모습 그대로 나타난다. 그리고 수행자는 지금까지 자신이 어떻게 인도되어 왔는지를 깨달을 뿐만 아니라, 앞으로는 결코 그런 지도를 받을 수 없다는 것 또한 깨닫는 것이다. 이것이 영계의 문지방에서, 수호령이 던지는 제2의 경고이다.

여기에서 서술된 정경은 마음의 준비가 되어 있지 않은 사람으로서는 도저히 눈을 뜨고 바라볼 수 없다. 그러나 애당초 이 문지방까지 나아갈 수 있게 해준 고차의 수행은, 이 순간에 필요한 힘을 끌어낼 수 있게 해줄 것이다. 수행의 조화로운 힘이 새로운 생으로 들어가려는 과정에서 일체의 훤소한 선동적인 성격을 제거한다. 그리고 수행자는 이 문지방의 체험에 즈음하여, 새롭게 각성된 인생의 기조가 될, 저 지복(至福)의 예감에 사로잡힌다. 자유를 향한 새로운 감정이 다른 모든 감정을 압도한다. 그와 동시에 새로운 의무감, 새로운 책임감이 그의 심중에 일어난다. 그는 다짐한다. 결코 그것을 잊지 않으리라고.

삶과 죽음—문지방의 대수호령

　수행자는 "문지방"의 소수호령과의 만남을 통하여, 소수호령이라는 초월적 존재를 탄생시킨 것이 자기 자신이라는 것을 알게 된다. 이 존재의 육체는 인간 자신의 행위, 감정, 사고의 결과들로 구성되어 있다. 이 결과들을 지금까지는 눈으로 볼 수 없었다. 그러나 눈에 보이지 않는 작용이야말로 인간의 성격과 운명을 형성하는 원인이었던 것이다. 과거라는 시간 속에서 얼마만큼 현재의 기초를 닦아왔는지, 지금 그것이 명백히 드러난다. 그것으로 인하여 인간존재의 본질을 어느 정도 알게 된다. 자기가 가진 특정한 경향이나 습관이 왜 그러한 양상을 띠게 되었는지, 지금은 그것을 이해할 수 있다. 운명의 타격이 그를 덮친다 해도, 그것이 어디에서 온 것인지를 명료하게 인식한다. 왜 자신이 이 사람을 사랑하고, 저 사람은 미워하는지, 왜 이 일에는 행복을 느끼고, 저 일에는 불행해하는지, 그 이유를 이해할 수 있다. 눈에 보이는 인생의 양상들이 눈에 보이지 않는 원인들을 인식함으로써 이해할 수 있게 된다. 삶의 기본적인 양상들, 질병과 건강, 죽고 태어나는 것이 그의 앞에 의미를 드러낸다. 그는 자신이 태어나기 이전에, 다시 이 세상에 태어나지 않으면 안 될 어떤 원인이 이미 형성되어 있었음을 느끼게 되는 것이다. 그 자신의 내적 본성은 가시적인 이 현실세계 속에서 아직 불완전한 형태로 형성되어 있다는 것을, 그리고 그 불완전성은 바로 이 세계의 현실 속에서만 완성될 수 있다는 사실을, 그는 이제 확실히 인식되는 것이다. 왜냐하면 자기의 본성을 완벽하게 육성할 수 있는 기회란, 다른 어떤 세계 속에도 존재하지 않기 때문이다. 또한, 죽음이 그를 이 세계의 현실로부터 영원히 멀어지게 하는 것이 아니라는 것을 통찰한다. 그는 다음과 같이 생각하게 된다.

"전생에 내가 이 세상에 태어난 것은 이 세상에서 생명을 누리면서 다른 세상에서는 손에 넣을 수 없는 것을 가져야 할 필요가 있었기 때문이다. 지금부터 나는 이 세계와의 관계를 계속해 가야 한다. 그리고 이 현실에서 얻을 수 있는 모든 것을 내 속에 간직하지 않으면 안 된다. 그렇게 함으로써 언젠가 나는 다른 세계를 위해 유용한 하나의 인격이 될 수 있는 것이다. 그러기 위해, 눈에 보이는 이 감각적 현실에서 육성할 수 있는 모든 것을 손에 넣어야 한다."

영계에 들어선 자의 체험에서 가장 주요한 것은 감각적으로 파악할 수 있는 세계의 진정한 가치를 수행 이전보다도 깊이 인식할 수 있고 평가할 수 있다는 것이다. 이러한 인식과 평가는 초감각적 세계의 통찰을 통하여, 그의 속성이 된다. 이러한 통찰 없이 예감만으로 초감각적 영역이 무한히 가치 있는 것임을 믿으려 하는 사람은 감각세계의 의미를 과소평가하기 쉽다. 그러나 가시적인 현실 속에서 필요한 체험을 획득하지 못하면, 비가시적 세계 속에서도 필요한 통찰을 얻을 수 없다. 비가시적 세계를 살아갈 생각이 있다면, 그것을 위한 필요한 능력이나 수단을, 가시적 세계 속에서 추구해야 한다. 비가시적 세계를 의식화할 수 있는 통찰력, "고차원" 세계를 위한 시력은 "저차원" 세계의 경험을 통해 형성되는 것이다. 태내에서 육안을 형성하지 못한 아기가 장님으로 태어나는 것처럼, 이 세계에서 영안을 개발하지 못한 사람은 영안을 가진 사람으로서 영계를 살아갈 수 없다.

이 점을 고려할 때, 초감각적 세계로 이어지는 "문지방"이 "수호령"에 의해 지켜지고 있는 이유를 알 수 있을 것이다. 필요한 능력을 얻기 이전에는 영계를 진정으로 통찰하는 행위가 허락되지 않는다. 그렇기 때문에 죽음과 동시에, 아직 영계에서 활동할 능력을 가지고 있지 않는 사람이 영계에 들어가면, 영계의 체험 내용은 베일에 가려지고 말 것이다. 거기에 맞는 능력을 가진 자만이 영계를 의식적으로 체험할 수 있다.

수행자가 초감각적 세계에 입문할 때, 그의 삶은 완전히 새로운 의미를 가지게 된다. 감각세계 속에 "고차의" 세계를 위한 묘판이 만들어지는 것이다. "저차의" 세계 없는 "고차의" 세계란, 어떤 의미에서 결함을 가진 세계로 수행자에게 인식된다.

두 가지 전망이 수행자 앞에 펼쳐진다. 하나는 과거의 전망이며,

다른 하나는 미래의 전망이다. 그는 감각세계가 아직 존재하지 않았던 과거를 본다. 그리고 초감각적 세계가 감각적 세계의 발전에 의해 생성된 것이라는 선입관은 이미 부정된다. 초감각적 세계가 최초에 존재했으며, 그 모든 감각적 세계는 거기서 발전해 나온 것이다. 그는 자기 자신 또한 감각적 세계에 태어나기 이전에는 어떤 초감각적 세계의 일원이었다는 사실을 인식한다. 그러나 애초의 초감각적 세계는 감각세계로 이행할 필요가 있었다. 그 세계는 이러한 이행 없이는 더이상 진화할 수 없었던 것이다. 감각적 영역 속에서 필요한 능력을 발전시킨 사람이 출현함으로써, 비로소 초감각적 세계도 앞으로 나아갈 수 있다. 그러한 존재가 바로 인간이다. 인간은 영적으로는 불완전한 존재인 현재의 모습에서 출발하여, 고차의 세계에서 활동하기에 적합한 모습을 갖추려 하고 있다. 바로 여기에 미래의 전망이 있다. 미래의 전망은 수행자의 눈을 한층 더 높은 초감각적 세계로 이끈다. 바로 그 세계에 감각세계에서 성숙한 과실이 있다는 것을 알게 된다. 그것에 의해 감각세계가 극복되며, 그 과실은 고차의 세계에 동화된다.

그와 동시에, 감각세계에서 질병과 죽음이 가지는 의미를 이해하게 된다. 죽음이란, 이미 자기 자신에 의해 이전의 초감각적 세계가 더이상 전진할 수 없는 지점까지 도달했다는 표현에 지나지 않는다. 만일 이 세계에 새로운 생명의 주어지지 않았더라면, 전체적인 죽음을 피할 수 없었을 것이다. 때문에 이러한 새로운 생명의 활동은 전체적인 죽음에 대한 투쟁이 되었다. 사멸하여 응결해 가는 세계의 잔해로부터, 새로운 세계의 싹이 돋아난다. 그것이 바로 이 세계에 삶과 죽음이 공존하는 이유이다. 이 두 가지 양상은 서로가 서로를 향하여 천천히 이행해 간다. 죽어가는 옛 세계의 한 귀퉁이에는 새로운 생명의 싹이 자라고 있다. 이러한 프로세스의 완벽한 표현이 인간의 내부에서 발견된다. 인간은 옛 세계에서 물려받은 유산을 자기 존재의 씨방으로 간직하고 있다. 그리고 이 씨방 속에서 미래를 살아야 할 존재의 싹이 자라가고 있다. 인간은 이렇게 이중적인 존재이다. 죽어가는 존재이면서 동시에 불멸의 존재인 것이다. 그 죽음에 이르는 부분은 종말의 상태에, 불멸의 부분은 시작의 상태에 놓여 있다. 그러나 감각적, 물질적 존재형식이 나타내는 이러한 이중적 세계의 내부에서, 비로소 인간은 세계를 영속시킬 수 있는 능력을 얻는다. 인간의 사명이란, 이렇게 죽음으로 가는 것 속에서 불멸의 과실을 발견하는 일이다. 그렇기 때문에 인간은 과거에 자신이 어떻게 스스로의 존재를 창출해 내었는지를 회고할 때, 다음과 같이 생각하지 않을 수 없다.

"나는 내 속에 사멸해 가는 세계의 구성요소를 가지고 있다. 그것이 나의 내면에서 작용하고 있다. 나는 겨우 조금씩이기는 하지만, 그것들 속에 내포되어 있는 죽음의 힘을, 존재를 새롭게 하는 요소로 물리칠 수 있다."

그렇게 인간의 길은 죽음에서 삶으로 나아간다. 만약 인간이 명료

한 의식을 잃지 않고 죽음의 순간을 맞아 자신에게 속삭일 수 있다
면, 그는 다음과 같이 말할 것이다.

"죽음으로 가는 존재야말로 나의 스승이었다. 내가 지금 죽어가는
것은 과거에 내가 자아낸 모든 것의 결과에 의해서이다. 그러나 죽
어가는 것들이 놓여진 터전은 내 안에 있는 불멸의 씨앗을 열매맺게
할 것이다. 지금 나는 그 과실을 다른 세계에 가져가려 하고 있다.
과거에만 얽매여 있었다면, 나는 결코 다시 태어나지 못했을 것이다.
과거의 생활은 탄생의 시간에 이미 끝났다. 감각생활은 새로운 생명
의 씨앗을 통하여, 단순한 죽음으로부터 구원받는다. 탄생에서 죽음
의 사이는, 얼마나 많은 생명이 죽어가는 과거로부터 구원받는가를
표현하는 공간에 지나지 않는다. 그리고 질병이란 이러한 과거의 사
멸해 가는 부분의 연속에 지나지 않는다."

인간은 왜 오류와 불완전성 속에서 이렇게 조금씩만 진실과 선으
로 나아가는가. 여기에 대한 해답은, 이 모든 것 속에서 발견된다. 인
간의 행위, 감정, 사고는 당장은 사멸해 가는 무상한 것에 지배당하
고 있다. 육체의 감각기관 또한 이러한 무상한 것에 의해 존재하고
있다. 때문에 이러한 감각기관 및 그것들이 행사하는 그 모든 것은
무상으로 이행한다. 본능, 충동, 정열 등 그것들이 작용하는 기관들
도 영원하지 않다. 그러나 이러한 기관의 소산들 중에는 불멸하는
것이 있다. 인간이 무상한 것에서 가능한 모든 불멸한 것을 만들어
냈을 때, 비로소 그는 자신이 성장해온 기반이 되었던 물질적 감각

세계를 벗어날 수 있는 것이다.

이렇게 하여 제1의 "문지방의 수호령"은 인간의 아스트랄적 형상을 무상한 것과 영원한 것이 혼합된 이중존재로서 표현하였다. 그리고 인간이 다시 순수영계를 살아갈 수 있을 장엄하게 빛나는 모습을 띨 때까지, 그 아스트랄적 형상을 통하여 무엇이 인간에게 결여되어 있는가를 명확히 보여주었다.

자신이 얼마만큼 물질의 감각적 작용에 사로잡혀 있는지를, 인간은 이 문지방의 수호령을 통하여 확실히 깨닫게 된다. 인간과 육체의 감각적 작용의 관계성은, 우선 본능, 충동, 욕망, 이기적 원망, 모든 종류의 사리사욕으로 나타나며, 나아가서 인종과 민족의 일원이라는 것으로도 나타난다. 이런 의미에서 민족이나 인종도 순인간적인 것에 이르는 발전단계의 하나에 지나지 않는다. 인종이나 민족은 그 구성원들이 이상적인 인간으로 존재하려고 하면 할수록, 무상한 물질세계를 벗어나 불멸의 초감각적 존재에 도달하려고 노력하면 할수록, 보다 높은 영적 지위를 획득한다. 그러기 때문에 인간이 윤회전생을 통하여, 시대와 함께 점점 높은 영적 수준을 향하는 민족이나 인종과 더불어 진화해 나가는 것은 하나의 해탈 과정이다. 이렇게 하여 최후에는 개개인이 조화롭고 완전한 모습으로 나타나야 한다. 그처럼 순수한 도덕적, 종교적 관점에 도달하는 과정은 완전을 향한 무한한 노력의 한 과정이라 할 수 있다. 왜냐하면 어떠한 도덕적 단계에도, 이상주의적인 미래의 싹과 함께, 과거에 대한 집착이 내포되어 있기 때문이다.

　제1의 "문지방의 수호령" 속에는 지나간 시간의 성과만이 나타난다. 미래의 싹은 이미 지나간 시간 속에 짜넣어진 것만큼만 포함되어 있을 뿐이다. 그러나 인간은 미래의 초감각적 세계 속에, 지금부터 감각세계에서 자아낼 수 있는 모든 것을 이입시키지 않으면 안된다. 인간이 자신의 이 아스트랄적 형상 속에, 단지 자신의 과거만을 이입시키려 한다면, 이 지상의 사명은 부분적으로밖에 달성되지 않을 것이다. 그렇기 때문에 이 "문지방의 소수호령"에 대수호령이 덧붙여진다. 여기서 제2의 "문지방의 수호령"과 조우하는 정경을 이야기 형식으로 표현해 보자.

　해탈을 위하여 무엇을 해야 할 것인가를 깨달은 수행자가 나아가는 길 앞에, 숭고한 빛에 감싸인 존재가 나타난다. 그 장려한 모습은 도저히 필설로서는 다할 수 없다. 이러한 만남이 일어나는 것은 사고, 감정, 의지의 기관이 육체적으로는 서로 분리해 버린 후, 그 상호간의 관계 규정이 이미 그 자신들에 의해서가 아니라, 육체적 조건들로부터 완전히 독립된 고차의 의식에 의해 행해질 때에 이르러서이다. 그때 사고, 감정, 의지의 기관은 인간의 강력한 혼의 도구로서, 초감각적 영역에 의해 컨트롤되는 상태이다. 이렇게 하여 모든 감각적인 속박을 벗어난 혼의 면전에, 제2의 "문지방의 수호령"이 나타나 다음과 같이 말한다.

　"너는 감각세계의 속박을 벗어나 초감각적 세계의 시민권을 획득하였다. 앞으로 너는 초감각적 세계에서 지상세계에 작용할 수 있다. 너는 이제 스스로를 위해서는 현재 네가 소유하고 있는 육체조차 필요치 않다. 네가 이 초감각적 세계에서만 살아가길 원한다면, 이미 너는 감각세계로 돌아갈 필요도 없을 것이다. 그러나 내 모습을 잘 보라. 그리고 오늘날까지 네가 만들어낸 모든 것에 비하여 얼마만큼 나의 모습이 가없이 숭고하게 보이는지, 다시 한 번 생각해 보라. 너는 감각세계를 살면서, 거기서 얻은 능력에 의해 현재의 완성단계에 도달하였다. 그러나 너는 지금부터 해탈에 의해 획득한 힘을 이 감각세계를 위해 유용하게 사용하지 않으면 안 된다. 여태까지 너는 너만을 구제하기 위해 살아왔다. 해탈을 얻은 지금, 너는 감각세계에 사는 모든 너의 동료들을 구원하기 위해 활동하지 않으면 안 된다. 지금까지 너는 한 인간으로서 노력해 왔다. 여기서부터 너는 전체 속에 너를 집어넣어야 한다. 그리고 너 자신뿐만 아니라, 감각세계를 살아가는 모든 사람들을 초감각 세계로 이끌도록 노력해야 한다. 그 과정에서 언젠가는 너도 나의 모습과 합일할 수 있을 것이다. 그러나 이 세상에 아직 불행한 사람이 존재하는 한, 나는 축복받은 존재일 수 없다. 이미 해탈한 존재로서 너는 지금이라도 당장 초감각적 세계의 주민이 되고 싶을 것이다. 만일 그렇게 한다면 너는 단지 구원받지 못한 지상의 인간들을 높은 곳에서부터 내려다보는 존재에 지나지 않는다. 그것은 너의 운명을 그들의 운명과 단절시키는 것을 의미한다. 그러나 너희들은 서로서로 결합되어 살아왔다. 너희들은 모두 각각 세계에 내려가서, 거기에서 고차의 세계로 향하는 힘을 이끌어내 왔다. 만일 네가 그들과 자신을 단절시킨다면, 그들과 함께 공동체 속에서 기를 수 있었던 그 힘을, 너는 자신만을 위하여 남용하는 셈이 되는 것이다. 그들이 감각세계에 내려오지 않았더라면, 너 또한 여기에 존재하지 못했을 것이다. 그들이 없다면 초감각적 존재가 될 수 있는 힘을 너는 얻을 수도 없었을 것이다. 네가 그들과 더불어 얻은 이 힘을, 그들에게 나누어주지 않으면 안 된다. 그렇기 때문에 네가 지닌 모든 힘을 네 동포의 구원을 위하여 전부 사용하지 않는 한, 초감각 세계의 지고한 영역으로 너를 들어서게 할 수 없다. 이미 네가 얻은 힘만으로도, 너는 초감각적 세계 중에서도 저차원의 영역이라면 머물 수 있다. 나는 '천국의 문 앞에 불칼을 손에 든 거룹*으로서' 고차원 세계의 문 앞에 서 있다. 너에게 감각세계에서 완벽하게 연소시키지 못한 힘이 남아 있는 한, 네가 이 문을 통과하게 할 수 없다. 만일 네가 너의 힘을 구사하지 않는다면, 다른 누군가가 너를 대신하여 그 사명을 수행할 것이다. 그렇게 하여 고차의 초감각적 세계는 감각세계의 모든 과실을 받아들이는 것이다. 그러나 너는 지금까지 낯익은 그 세계를 박탈당할 것이다. 정화된 세계가 너의 머리 위에 펼쳐진다 하더라도, 너만은 그 세계에서 추방당할 것이다. 그리하여 너는 검은 길을 걷게 될 것이며,

---

* 구약에 불칼을 들고 에덴을 수호하는 천사로 나와 있다. 근동의 고대 유물에서 주로 날개를 단 인간과 동물의 혼성체로 표현되어 있다—옮긴이.

한편 네가 차별했던 그 사람들은 하얀 길을 걷게 될 것이다."

이러한 방식으로 "문지방의 대수호령"은 제1의 수호령과의 만남이 있은 후 곧 자신을 드러낸다. 그러나 한번 영계에 입문한 자는 미숙한 채로 고차의 초감각적 세계에 발을 들여놓고 싶은 유혹에 빠질 때, 무엇이 자신을 기다리고 있는지를 정확히 이해하고 있다. 필설로는 다할 수 없는 장려한 광휘가 제2의 문지방의 수호령에게서 비쳐나올 것이다. 그 영과 하나가 되는 것은 그것을 바라보는 혼에게는 절실하면서도 머나먼 노력의 목표이다. 그러나 그 목표만큼 확실한 것은, 현 세계에서 얻은 모든 힘을 현 세계의 해탈과 구제를 위해 사용했을 때 비로소 합일이 이루어진다는 것이다. 초감각적인 광휘를 발하는 이러한 영의 요구에 응하기로 결심했다면, 당신은 인류의 해탈과 구제를 위해 기여할 수 있을 것이다. 그렇게 하여 그는 인류의 제단에 공물을 바친다. 그가 초감각적 세계를 향한 해탈을 필요 이상으로 빨리 성취할 때, 인류의 커다란 흐름은 그의 머리 위를 스쳐지나갈 것이다. 자신만을 생각한다면, 해탈한 사람이 감각계에서 새로운 힘을 끌어낼 필요는 전혀 없다. 그럼에도 불구하고 감각계를 위하여 자신을 바치려 하는 행위는 그 순간부터 절대로 자신의 이익을 끌어내려는 것을 단념한다는 의미이다. 이러한 결단을 내릴 순간에 서서, 그가 항상 하얀 길을 선택하리라는 보장은 어디에도 없다. 이러한 결단에 즈음하여, 자신의 이기심이 지복의 유혹에 빠지지 않을 수 있을 만큼 수행이 이루어져 있는가에 모든 것이 달려 있다. 왜냐하면 이런 유혹이야말로 상상할 수 있는 가장 큰 유혹이기 때문이다. 그 외의 특별한 유혹이란 본래 존재하지 않는다. 여기까지 이르면, 그 이외의 어떤 것도 이기심을 촉발하지 않는다. 인간이 고차의 영적 영역에서 받아들이는 것은 외부로부터 그에게 다가오는 것이 아니라, 오로지 그로부터 외부로 향하는 세계에 대한 사랑이다. 검은 길에는 이기심이 따른다. 그리고 그 길의 성과란 이기심의 완전한 충족이다. 그 때문에 만일 누군가가 자신을 위해 최고의 행복을 추구한다면, 그 사람은 이러한 검은 길을 헤매게 될 것이다. 검은 길이야말로 이기심에 적합한 것이기 때문이다. 그 때문에 자기의 이기적인 목적을 위한 지침을, 하얀 길을 가는 영학자에게 얻어낸다는 것은 불가능하다. 누가 어떠한 행복을 누리고 있는지, 하얀 길을 가는 영학자에게는 아무런 흥미도 없다. 그러한 행복감이란 개개인 스스로가 획득하면 그만이다. 그것을 재빨리 손에 넣을 수 있게 하는 것이 하얀 길을 가는 영학자의 과제가 아니다. 하얀 길을 걷는 영학자는 오로지 모든 존재, 인간과 그 이웃의 진화와 해탈만을 문제시한다. 때문에 그는, 어떻게 하면 진화와 해탈을 달성할 수 있는 힘을 기를 수 있는가에 대해서만 지도한다. 그는 몰아적인 귀의와 헌신을 다른 모든 능력 이상으로 존중한다. 그는 어떤 사람이라도 물리치지 않는다. 왜냐하면 이기적인 인간이라 하더라도 정화될 수 있기 때문이다. 그러나 자기 자신만을 위하여 무엇인가를 추구하는 사람은 그러한 태도를 취하는 한, 영학자에게서 자신의 어떤 기대도 충족시킬 수 없을 것이다. 비록 영학자가 이런 사람에게도 즐겁게 구원의 손길을 내민다 하더라도. 이기적인 탐구자는 이러한 구원의 성과에는 아무런 관심도 없다. 따라서 진실로 뛰어난 스승의 가르침에 따르는 사람은 문지방을 통과한 후에 대수호령이 말하는 요구들을 이해할 수 있을 것이다. 그러나 그러한 가르침에 따르지 않았던 사람은 이 가르침을 통하여 영계의 문지방까지 도달하는 날을 맞이할 수 없을 것이다. 스승의 가르침은 제자를 선에 이르게 하거나, 아니면 완전한 허무에 이르게 한다. 왜냐하면 이기적인 지복감을 충족시키는 것, 단지 초감각적 세계만을 인식하는 것, 그런 것은 스승의 과제와는 동떨어진 것이기 때문이다. 따라서 제자가 자신의 의지로 헌신적으로 함께 일하려 할 때까지, 제자를 초지상적 세계에서 멀리 떨어지게 하는 것 또한 스승의 사명이다.

8판 후기

　　여기에 기술된 영학을 수행하는 자는 수행에서 얻은 혼의 체험을 착각이나 오해로 인하여 왜곡해서는 안 된다. 본서가 고찰의 대상으로 삼고 있는 것에 대해, 사람들은 자칫하면 잘못된 생각을 가지기 쉽다. 특히 영학상의 진실한 혼적 체험영역은 미신, 백일몽, 영매술과 같은 영적 노력의 퇴행현상과 혼동되기 쉽다. 그것은 위험한 착각을 불러일으킨다. 많은 사람들이 일으키는 이러한 착각은 진정한 의미에서 영적 인식을 추구하는 노력 없이 지금 말한 퇴행으로 빠져드는 사람과, 여기에 기술된 길을 걸어가는 사람을 혼동하는 데에서 일어나는 것이다. 여기에 기술된 길을 걸어가는 혼이 체험하는 내용들은 모두 순수하게 영적이며 혼적인 체험분야에서 얻어진 것이다. 이러한 체험에 직면해서 수행자는—마치 일상의 의식이 외적 지각이나 내적인 바람, 감정, 의지 등과는 달리, 거기에 대한 사고내용을 만들 수 있는 것처럼—체험 그 자체를 신체생활로부터 자유롭게 독립시킬 수 있어야 한다. 그러나 사고내용을 자유롭게 독립시킨다는 것이 애당초 불가능하다고 믿는 사람도 있다. 그런 사람에게 지각이나 몸의 제약을 받지 않는 내면생활 같은 건 존재할 수 없다. 따라서 모든 사상(事象)은 지각내용 또는 혼적 체험들의 영상에 지나지 않게 된다. 달리 근거로 내세울 만한 순수한 사고를 체험한 적이 없는 사람은 이러한 관점에 설 수밖에 없을 것이

다. 그러나 순수한 사고로 혼의 활동에 작용할 수 있는 사람은 육체의 작용
을 전혀 인정할 수 없는 사고과정이 존재한다는 것을 경험적으로 알고 있
다. 일상생활을 살아가는 혼은 대체로 사고를, 지각, 감정, 의지와 같은 다
른 혼적 활동과 같은 것으로 본다. 사고 이외의 활동들은 육체를 통하여 생
성된다. 그러나 사고가 혼의 다른 활동에 작용할 때, 그 작용의 정도에 따
라, 인간의 내부에, 인간을 통하여, 육체와 관련성이 없는 뭔가가 생성된다.
이러한 과정을 이해하지 못하면, 혼의 다른 활동들에 제약받고 있는 사고활
동이 만들어내는 환영이나 착각에서 벗어날 수 없다. 그렇지만 모든 사람은
내면생활의 사고영역을, 그 외의 모든 부분에서 분리시켜 경험할 수 있을
때까지 자기집중을 할 수 있다. 혼의 활동영역에서 오로지 순수사고의 활동
만을 추출해내는 것이다. 이때의 순수사고란, 자신에 대해서만 존재 근거를
가지며, 육체적으로 제약된 내면생활(지각 등)을 모두 배제할 수 있는 사고
이다. 이러한 사고는 스스로의 존재만을 통하여, 스스로가 영적=초감각적
인 본질존재임을 명시하는 것이다. 그리고 일체의 지각활동, 기억이나 다른
혼적 활동을 배제하면서 이 순수한 사고에 혼이 결합할 때, 혼은 자신이 이
사고와 함께 초감각적 영역 속에 있다는 것을 깨닫는다. 그것은 육체와 관
계없는 혼의 자기체험이다. 이러한 사정을 전부 통찰하기에 이르면, "혼이
육체를 떠나서도 초감각적 내용을 체험할 수 있는가"라고 새삼 물을 필요
가 없어진다. 왜냐하면 이러한 의문은 그가 경험적으로 알고 있는 것들을
일부러 부정하는 일이 되기 때문이다. 그에게 남아 있는 의문이란, "이렇게
확실한 사실을 사람들이 인지하지 못하는 것은 무엇 때문인가"라는 것이다.
그리고 거기에 대한 대답은, 아무리 확실한 사실이라 하더라도 사람들이 그
사실을 체험하지 못하면 사실이라 말할 수 없다, 라고 해야 할 것이다. 육

체와 무관한 것을 인식하기 위해서는 순수하게 혼만으로 인식행위가 이루
어져야 한다. 그러나 처음에는 당연히 이러한 인식행위에 확신을 가질 수
없다. 사람들은 이렇게 말하고 싶을 것이다. 그렇게 믿으려고 작정했기 때
문에, 자신이 그러한 확신을 만들어낸 것이다라고. 사람들은 자기는 가만 있
는, 완전히 수동적인 상태의 경험을 바라는 것이다. 이러한 사람들이 과학
의 기본적인 것조차 모르는 경우에는, 단순한 의식활동에 속하는 지각이나
욕구보다도 더 차원이 낮은 혼의 활동을 비감각적 존재가 감각적으로 나타
나는 현상이기라도 한 것처럼 쉽게 착각하고 만다. 그러나 그것은 혼이 산
출하는 환각에 지나지 않는 것이며, 영매현상을 넘어서지 않는다. 그렇게 나
타나는 세계는 초감각적인 것이 아니라 전(前)감각적인 세계이며, 감각계보
다도 낮은 세계이다. 인간은 완전히 육체 안에서 각성시의 의식생활을 하는
것이 아니다. 의식의 활동은 수면중에 육체와 주위의 물질계와의 경계에서
이루어진다. 지각행위를 예로 든다면, 감각기관을 움직이면 외적 존재가 육
체 안에 작용함과 동시에, 육체 또한 외적 존재에게 작용을 가한다. 그와 마
찬가지로 욕망을 만족시키려는 경우에도, 인간의 본성은 외적 존재에 영향
을 끼친다. 그것으로 인하여, 인간의 내적 의지의 작용이 동시적으로 외적
세계에 현상하는 것이다. 육체의 경계에서 이루어지는 이러한 혼의 체험은
육체에 많이 의존하고 있다. 그렇다고 해도 인간은 사고활동을 어떻게 하느
냐에 따라, 지각이나 의지를 작용시킬 때도, 자신을 육체에서 독립시킬 수
있다. 그러나 환각이나 영매현상은 오로지 육체에 의존하고 있다. 따라서 육
체로부터 독립한 지각이나 의지의 작용은 배제된다. 그 때문에 혼의 내용이
나 혼의 작업 또한 육체활동의 현현에 지나지 않게 되는 것이다. 환각체험
이나 영매체험은 통상의 지각활동이나 의지활동보다도 육체에 의존하는 정

도가 훨씬 높은 체험이며 현상이다. 여기에 기술된 초감각적 체험의 경우에
서 혼의 체험 능력을 향상시키는 행은 환각이나 영매술과 정반대의 성격을
가지고 있다. 혼은 지각이나 의지의 행위에 의해서 보다 더, 육체에서 해방
된다. 혼은 순수사고의 경우와 같은 정도의 독립성을 더 넓은 활동분야에서
달성하는 것이다.

이러한 의미에서 혼의 초감각적 체험에서 순수사고체험의 통찰이 특별히
중요한 위치를 차지한다. 순수사고는 이미 초감각적인 활동에 속하는 것이
다. 단지 이 체험만으로는 아직 초감각적인 것을 볼 수는 없다. 순수사고가
이미 초감각적 체험이라고는 하지만, 사고로서 초감각적인 것만이 초감각
적인 방식으로 체험될 뿐, 다른 초감각적인 것은 아직 체험되지 않는다. 그
렇지만 본래의 초감각적 체험은 이러한 순수사고가 이미 달성한 혼의 운동
의 연속선상에 놓여 있다. 그러므로 사고와 올바른 관계를 유지하는 것이
수행에서 특별히 중요한 것이다. 이러한 밀접한 결합관계의 의미를 이해함
으로써 생성되는 빛은 초감각적 본질에 대한 올바른 통찰을 가져다준다. 우
리의 혼이 사고에 의해 생성된 의식의 빛을 잃어버릴 때, 바로 그 순간, 초
감각적 인식은 사도에 빠지고 만다. 인식이 육체의 영향에 종속됨으로써, 인
식의 성과는 초감각적 세계의 계시가 아니라 감각 이하의 존재영역의 계시
가 되는 것이다.

혼의 초감각적 영역을 체험하기 시작하면, 이미 언어는 감각계의 체험내
용을 기술할 때만큼은 적절한 표현 수단이 되지 못한다. 따라서 초감각적
체험에 대한 기술에 접하는 사람은 거듭해서 표현된 현상과 표현 그 자체
사이의 거리가 물질계의 체험을 기술할 때보다는 크다는 것에 주의해야 한
다. 여기서 사용한 비유적 표현도 지시하는 현상을 아주 가볍게 암시한 데

에 지나지 않는다. 그래서 "영학의 모든 규칙이나 교의는 본래 상징적인 기호로 기술되어 있다"고 했고, "특정한 상징문자의 시스템"에 관해 언급하기도 했던 것이다. 당연히 사람들은 일상언어의 음성기호나 그 기호들의 조합을 배우는 방식으로, 이러한 상징언어를 배우려 할 것이다. 그러나 나는 다음과 같이 말하지 않을 수 없다. 독자적인 상징기호로 초감각적 세계를 표현하는 교파나 비밀결사는 과거에도 있었고 현재도 있다. 그러한 상징의 의미를 배운 사람은 그것이 지시하는 대로, 자신의 혼을 특정의 초감각적 현실로 향하게 하려고 할 것이다. 그러나 초감각적 세계의 체험에서 가장 본질적인 것은 오히려 수행을 통하여 그러한 상징문자의 내용을 체득하는 것이며, 그것을 통해 초감각적 체험을 획득해 가는 과정에서 혼 그 자신이 초감각적 내용을 직관하고, 그 직관을 통하여 경험적으로 상징문자의 의미를 깨닫는 행위이다. 이러한 과정에서 초감각적 내용이 혼을 향하여 뭔가를 말하게 될 때, 혼이 그것을 상징적 기호로 번역하여, 모든 사람이 그것을 온전한 의식으로 통찰할 수 있게끔 하는 것이다. 이 책 또한 그런 행위의 소산이다. 여기에 표현된 모든 것은 인간의 혼과 온전한 의식으로 체험될 수 있다. 그리고 이 책을 지침으로 삼아 각 개인의 혼이 수행을 해나가면, 그 과정에서 여기에 기술된 성과들이 나타날 것이다. 나는 이 책이 저자와 독자 사이의 개인적인 대화로 받아들여지기를 희망한다. "수행자는 개인적인 전수를 필요로 한다"라고 쓰여 있긴 하지만, 이 말은 책 그 자체가 개인적인 전수에 해당한다라는 의미로 해석되어야 할 것이다. 예전에는 이러한 개인적인 전수가 비밀스런 구전에 의해 전수되어야만 할 이유가 있었다. 이 시대는 영학의 인식 내용을 예전보다는 훨씬 더 널리 보급할 수 있는 의식 단계에 도달해 있다. 예전과는 달리, 비전의 내용은 모든 사람의 손에 닿을 수 있어야 한다. 그러므로 모든 사람이 볼 수 있는 책이, 예전의 개인적인 전수의 역할을 대신해야 한다. 책에 기술되어 있는 것 외에, 더욱 개인적인 전수가 필요하다는 신념은 조건부의 타당성밖에 가질 수 없다. 물론 사람에 따라서는 개인적인 도움을 필요로 하는 경우도 있을 것이다. 그런 사람에게 타인의 조력은 큰 의미를 가질 것이다. 그러나 책에서 발견할 수 없는 중요한 행법이 달리 있으리라는 생각은 잘못이다. 올바르고 완전하게 읽을 수 있다면, 책 속에 그것을 위한 요건이 전부 들어 있다.

이 책이 인간 전체를 완전히 변화시키기 위한 지침서인 것처럼 느껴질 것이다. 그러나 올바르게 읽는다면, 초감각적 세계에 관계하려는 사람에게, 혼이 어떻게 존재해야 하는가에 관한 것 외에는 아무것도 말하고 있지 않다는 것을 알 수 있을 것이다. 우리는 이러한 혼의 존재방식을 자신의 제2의 본성으로 내면에 길러간다. 그러면서도 예전과 같은 건전한 일상생활도 해나가는 것이다. 수행자는 두 종류의 본성을 의식적으로 구별하면서, 양자를 서로 올바른 방식으로 작용시키고 합치시킬 수 있다. 이렇게 하여 수행자는 이 세상의 삶을 무의미하게 하거나, 삶에 대한 능력이나 흥미를 잃어버리거나, "하루종일 수행자"이거나 하는 위험에 빠지지 않을 수 있다. 물론 초감각 세계의 체험으로 획득된 인식의 빛은 그의 존재 전체를 비출 것이다. 그것은 결코 그 사람으로 하여금 인생항로에서 벗어나게 하지 않고, 보다 유능하고 생산적인 존재로 이끌어간다. 그럼에도 불구하고, 이 책이 이와 같은 서술 방식을 취하지 않을 수 없었던 것은 다음과 같은 이유 때문이다. 즉, 초감각적인 세계를 인식하려면 자신의 전 존재를 걸어야 한다. 그 때문에 이러한 인식행위에 몰두하는 순간에는 모든 힘을 거기에 집중시켜야 하는 것이다. 색채를 지각하는 데는 눈과 신경계만이 필요하다. 그러나 초감각적 인식행위는 인간 전체가 요구된다. 인간 전체가 "눈"이 되고 "귀"가 되어야 한다. 바로 그 때문에, 초감각적 인식의 과정을 기술할 때, 인간의 변혁이 문제의 중심인 것처럼 느껴지는 것이다. 그래서 지금의 사람들이 전혀 새로운 존재로 바뀌어야 한다고 생각하기 쉽다.

"영계입문의 영향"에 관하여 기술한 것과 관련하여, 다음과 같은 내용을 덧붙이고 싶다. 뉘앙스는 다르다 하더라도 이 책의 다른 부분에도 적용된다. 독자의 심중에 다음과 같은 감상이 일어날 수 있을 것이다. 도대체 무엇 때문에 초감각적인 체험을 비유적인 방식을 써가며 구체적으로 표현하려 하는가. 영적 체험은 비유가 아닌 이념으로 표현되어야 하지 않는가. 이러한 의문에 대해서는 다음과 같이 대답할 수밖에 없다. 초감각적 현실을 체험할 때는, 초감각적 세계 속에서, 자신 또한 초감각적 존재라는 사실을 인식하는 것이 중요하다. 감각세계 속에서 주위의 사물이 작용하는 것을 느낄 때, 우리는 그렇게 느끼는 자신의 육체 그 자체를 의식하지 않을 수 있다. 그것처럼 "연꽃", "에테르체"의 기술을 통하여 지금까지 밝혀온 인간의 초감각적인 본성을 고려하지 않고도, 우리는 영계의 작용을 체험할 수 있을 것이다. 그러나 인간이 "아스트랄체"나 "에테르체" 속에서 자신의 초감각적 형태를 관찰하는 일은, 마치 인간이 자신의 육체를 지각함으로써 감각세계 속에서 자신을 의식하는 것처럼, 초감각적 세계 속에서 자신을 의식하는 것이다.

운명을 다스리는 명쾌한 내적 혁명

난세에 필요한 영원한 멘토
열자

수천 년을 이어온 우화에 담긴 메시지는 읽을 때마다 다양한 각도로 우리에게 삶의 지혜를 전한다. 사람들은 명예 · 지위 · 재물 · 장수 이 네 가지를 좇느라 기력을 탕진하며 쉬지도 못한다. 그것은 과거에도 지금도, 그리고 아마 앞으로도 변하지 않을 것이다. 그러다 문득 자신의 삶을 돌아볼 때, 이 책은 당신만의 보물상자가 되어줄 것이다. **열자 지음 | 정창영 옮김**

서양의 지성들을 움직인 동양의 고전
도덕경

헤겔이나 하이데거, 톨스토이 등 철학자나 대 사상가들이 도덕경을 읽었다는 사실은 잘 알려져 있다. 지성인들은 왜 도덕경을 마치 화수분 삼아 그 곁을 떠날 줄을 몰랐을까. 변증법에 입각한 독일관념론의 체계를 수립한 철학자 헤겔은 "노자의 사상은 그리스 철학을 능가하는 인류 철학의 원천"이라고 말했었다. **노자 지음 | 정창영 옮김**

일상의 삶속에 드러나는 영적인 깨달음
바가바드 기타

오랜 세월 인류가 반드시 읽어야 할 고전이자 경전으로 손꼽혀 이 책은 700구절의 시 형식으로 되어 있다. 신의 현현(顯現) 크리슈나와 위대한 영혼의 소유자 아르주나가 나누는 이야기다. 그 이야기 속에는 마음, 물질, 카르마, 요가, 명상, 지혜, 깨달음, 윤회, 삶과 죽음 등 인류가 품어온 거의 모든 의문과 그 대답이 들어 있다. **뱌사하 지음 | 정창영 옮김**

마르지 않는 지혜의 샘
아는 것으로부터의 자유

크리슈나무르티는 우리에게 정말 살고 있느냐고 물으면서 부분적인 변화가 아닌 완전한 변화, 즉 내적 혁명을 강조한다. 그러려면 '과거는 죽어야' 한다. 어제가 죽어야 오늘이 있고 매순간 죽어야 매순간 살 수 있다. 시간이 가면 나도 뭔가 달라지겠지 해서는 결코 달라지지 않는다. **지두 크리슈나무르티 지음 | 정현종 옮김**

영 · 유아기 부모를 위한 교육의 비밀

몸과 마음이 건강한 아이의 교육
발도르프 음악교육과 놀이

피아니스트이자 음악심리 상담사가 제안하는 몸과 마음이 건강한 아이로 키우는 놀이. 아이의 활발한 움직임이 사고력을 키우는 원동력이 된다. 발도르프 음악교육적 관점에서 저자가 직접 상담을 통해 경험한 사례를 같이 수록하여 아이들의 심리를 좇을 수 있어 부모 뿐 아니라 어린이집 또는 초등 저학년 선생님들에게 매우 실제적인 도움을 준다. 김현경 지음.

재능과 가능성에 대한 열린 교육
12감각을 깨워야 내 아이가 행복하다

과학에서는 보통 다섯이나 여섯, 일곱 가지의 감각만을 구별하지만, 발도르프 교육을 창안한 루돌프 슈타이너는 12감각에 대해 강조한다. 슈타이너는 모든 교육은 예술적이어야 한다는 '교육예술'을 주창하였였다. 아이를 위해 읽기 시작하나 부모를 한 단계 성장시키는 자녀 교육서가 아닌 부모 교육서라고 해도 좋을 듯하다. 김현경 지음

평생을 좌우하는 영유아 교육
무지개 다리 너머

발도르프 교육은 인간 영혼에 대한 오랜 탐구와 아이에 대한 최선의 교육으로의 끝없는 연구 끝에 탄생했다. 현재 46개 나라에 700여 개가 넘는 발도르프 학교가 존재한다는 사실이 보여주듯이 전세계로 퍼져나가고 있는 중이다. 또한 10여 년 전부터 우리 아이들의 교육에 적용시키기 위한 많은 노력이 행해지고 있다. 바바라J 외 지음 | 강도은 옮김

아이의 발달 단계에 맞춘 음악교육
창의적인 아이로 키우는 발도르프 음악 교육

음악은 단순히 음가를 구분하고 음의 높낮이를 구별하는 능력을 기르는 분야가 아니다. 음의 움직임이 무엇을 표현하려는지 이해하고, 그것을 표현하는 것이다. 이것이 바로 '의미를 듣는 것'이며, 표면적인 듣기가 아닌 본질을 들을 수 있는 이것이 음악이 가진 놀라운 힘이다. 김현경 지음

<u>수신을 위한 평생 가이드 라인</u>

못 고치는 병은 없다, 못 고치는 습관이 있을 뿐이다
병원없는 세상, 음식 치료로 만든다

약과 음식은 근원이 같다는 말처럼 동양의학은 오래전부터 섭생을 중요
하게 생각해왔다. 한의사로서 동양의학과 서양의학을 통합하여 7만여 명
을 임상하였다. 경험을 통해 음식이 건강과 밀접한 관련이 있다는 것을
본격적으로 연구한 저자의 연구결과를 토대로 일반인들이 알기 쉽도록 그
정보를 전달하고자 정리한 책이다. **상형철 지음.**

멘탈 갑이 되는 24가지 초간단 실천법
호흡 명상 스트레스에 강한 멘탈 만들기

이 책은 현대인의 스트레스 탈출을 도와 몸과 마음의 질병을 예방하고
일상생활에서 쉽게 명상을 실천할 수 있게 해준다. 명상의 가장 기본이
되는 호흡법을 소개하는 이 책을 통해 행복이 늘 자신 옆에 있었음을
깨닫게 될 것이다. **박지명, 이정훈 지음.**

내 몸과 근육의 올바른 사용법
자세를 바꾸면 인생이 바뀐다

책상 혹은 컴퓨터 앞에서 굽은 자세로 오랜 시간을 보내는 어린이와 청
소년들의 악화되는 자세를 걱정하는 부모와 교사들, 성인들 자신, 좋은
자세가 건강관리의 핵심인 것을 이미 인지하고 있는 의사, 물리치료사 등
이 모두 꼭 읽어야 할 책이다. **리처드 브레넌 지음 | 최현묵, 백희숙 옮김**

혁명을 예고하는 의학의 신발견
물, 치료의 핵심이다

현대인들의 만성질환인 천식과 알레르기, 고혈압, 당뇨, 변비, 소화성궤
양, 두통과 편두통, 류머티스 관절염, 요통, 비만 뇌졸중 등이 탈수에서
비롯되었다고 하는 것이 핵심 포인트이다. 저자의 연구는 20년 넘게 수
백만 명을 상대로 임상실험을 하고 환자들로부터 피드백을 받은 결과이
기도 하다. **F. 뱃맨겔리지 지음 | 김성미 옮김**